Nelly Bugallo Colom, *in memoriam*

La présence du désir comme celle du dieu ignore le philosophe.
En revanche le philosophe châtie.
A presença do desejo assim como a do deus ignora o filósofo.
Em contrapartida, o filósofo castiga.
René Char
Feuillets d'Hypnos, 1943-1944: 202.

L'inutilité théâtrale (et sans joie) de tout
A inutilidade teatral (e sem alegria) de tudo.
Jacques Vaché
Lettres de Guerre, 29 de abril de 1917.

Sentia que não tinha perdido nada de minha tristeza,
mas de novo a vida me parecia preferível à morte.
Giacomo Casanova
Mémoires, volume II, 238.

ELUCIDAÇÕES FILOLÓGICAS

ANO 4060 DA ERA DO SENHOR
SEGUNDO O PROIBIDO E ANTIGO CALENDÁRIO OUTRORA CHAMADO GREGORIANO

Os textos aqui publicados correspondem a um achado nas ruínas dos arredores da cidade de Hatteria, no cone sul do continente americano do planeta-mãe dos humanos, a Terra. Trata-se da cidade que, mais de dois milênios atrás, levava o nome de Buenos Aires. Sabe-se que uma vez aniquilada durante os sangrentos episódios da Sexta Guerra Mundial Póstuma, assentaram-se em seus subúrbios populações nômades que, desde tempos de datação incerta, já vinham recolhendo uma série de textos que eram, sob todos os aspectos, versões radicais e proto-místicas da obscura Heresia da Disjunção que, naquela época, dera mostras de suas primeiras tentativas.

Nunca inteiramente admitidos no Cânone dos Puros na comunidade dos Novíssimos, esses textos se revestiram de uma gravitação substantiva para os Antigos Mestres da Heresia. Muitos acreditaram, no fragor do primeiro achado, tratar-se de um *Evangelho da Disjunção*. Porém, nada estava mais longe da verdade, pois a heresia emergente era, outra vez, a filosofia em seu caráter mais profano, que, justamente, habilitava-a tomar sob sua órbita toda a esfera do outrora denominado divino de uma perspectiva completamente anateológica. É preciso admitir, todavia, que não tivéramos nenhuma notícia desses textos, e alguns dos pontos de vista expressos no indispensável volume de von Junzt intitulado *Unaussprechlichen Kulten* tornaram-se obsoletos após a recuperação dos presentes manuscritos.

O conjunto dos textos editados a seguir possui uma inegável unidade. Foram encontrados na Caverna 14AZ1 das escavações em Hatteria. O idioma corresponde a uma língua morta que, naquela época, era utilizada na região: o castelhano rioplatense, antecedente daquilo que, nos milênios futuros, constituiu-se no dialeto hispano da Língua Universal do Império Póstumo. A catalogação dos escritos é TFG 480-700 e 950-1170 da grande edição do *Corpus dos textos da Heresia da Disjunção*.

Os documentos foram encontrados em forma manuscrita em cadernos in-octavo, numerados de um a cinco. O conjunto textual é diversificado, mas pode ser claramente classificado em três grandes grupos. Em primeiro lugar, um tratado, até hoje desconhecido, sobre a parametafísica da doutrina esotérica da Heresia da Disjunção, isto é, a abordagem do enigma do Ser a partir do esquema conceitual matricial conhecido como teoria dos fractos, que se converteria, com o tempo, no tesouro mais bem guardado pelos Mestres Novíssimos. Em segundo lugar, segue uma série de glosas e comentários, representativos dos gêneros cultivados pelos escribas nômades, em que se aprofundam aspectos particulares da doutrina central.

O terceiro grupo textual, de grande valor ultra-histórico, lança novas perspectivas sobre a Idade Obscura, a saber, o período dos Ciclos Pandêmicos que levaram às Grandes Guerras Biotécnicas e ao abandono definitivo do planeta Terra de acordo com o plano de conquista interestelar liderado pelos Póstumos. Os estudiosos ainda não chegaram a um consenso sobre a autoria dos textos dos três grupos, embora se pressuponha que tenham sido escritos por Póstumos dissidentes do primeiro quarto do século XXI na pré-história do fenômeno que, com o passar dos séculos, viria a ser conhecido como Heresia da Disjunção. A terminologia indica uma unidade de pensamento, mas a fragmentariedade da exposição faz suspeitar da intervenção de vários autores. Evidentemente, a transmissão dos textos pode ter alterado algum matiz, pois, como sabemos, os originais se perderam na noite dos milênios e o que temos aqui é uma cuidadosa transcrição de alguma cópia muitos séculos posterior a que teve acesso o sempre escrupuloso Escriba dos Mestres nômades.

O fato de que as pesquisas paleográficas indiquem a presença de uma mesma mão na redação dos textos concernentes à Heresia da Disjunção não resolve o problema, pois os Mestres Nômades tinham por costume ditar seus textos a seletos escribas da comunidade e, em muitas ocasiões, viu-se o testemunho de um mesmo escriba que deitara por escrito a doutrina de Mestres de diversa filiação. A paleografia não conta aqui com o auxílio das práticas dos próprios amanuenses dos Novíssimos, pois, como se sabe, o anonimato dos Escribas era uma condição baseada na compreensão da Tradição como transmissão sem autoria pessoal.

Convém destacar que a coda que acrescentamos sob a rubrica "Envio II" não pertence ao conjunto original, sendo o fragmento de um texto perdido. Dada a lendária minúcia dos Escribas novíssimos, o manuscrito se encontra datado de dez anos após a compilação da Caverna 14AZ1 e pertence à mão de outro amanuense a que chamaremos Escriba II, o qual notifica o abandono existencial por parte do Escriba I, fato que parece ter acontecido em algum momento impreciso durante a década anterior. Dado o inveterado costume dos Escribas novíssimos de glosar os conteúdos de seus predecessores, consideramos conveniente a publicação desse fragmento que não apenas julga o trabalho de seu antecessor como também traz reflexões da maior importância para a compreensão dos profundos dramas que atravessaram os dilemas políticos e existenciais da Heresia da Disjunção.

Ainda não existem explicações plausíveis acerca da emergência dos novíssimos como dissidência herética dos Póstumos, e esperamos que estes documentos lancem alguma luz sobre a pré-história destes mesmos Póstumos, uma vez que, de acordo com as hipóteses mais ousadas, os Novíssimos manifestaram uma incubação larval que deve ser calculada em pelo menos dois milênios, o que, nesse cenário, situá-los-ia na aurora do século XXI. Em outras palavras, quando os Póstumos estavam consolidando sua ascensão ao poder mundial, já teriam existido os primeiros indícios, embora ainda indetectáveis, daquilo que muitos séculos depois viria a ser conhecido como o Levante dos Novíssimos.

ENVIO I

Corre atualmente o ano 4040 da Era do Senhor de acordo com o proibido e Antigo Calendário outrora chamado Gregoriano. Evoco isso devido à predileção que os Eruditos – se ainda há algum em vida – tinham por aquela datação proto-histórica. No momento em que me disponho a transcrever estas páginas, cumprindo uma missão encomendada pelos Mestres nômades, a capital exogaláctica do Império cósmico dos Póstumos acaba de cair: impera ainda a anomia generalizada nos reinos da Tríplice Aliança que governou o Cosmos conhecido por quase um milênio e meio. Pouco se sabe do que ocorrerá com o futuro dos que venceram, mas todos têm certeza de que outro Éon acaba de começar.

Se persisto, neste preciso momento, no gesto desta Crônica, é porque, ante a intensidade dos acontecimentos, é muito provável que se apague da memória dos seres vivos a proto-história de como se ergueu, uma vez, o *imperium* dos Póstumos, agora posto em xeque. Além disso, com toda probabilidade, nossa doutrina, por outro lado nunca inteiramente orgânica nem fechada, haverá de sofrer, para o bem ou para o mal, as mais diversas deformações. Finalmente, cumpro meu único papel nesta contenda épica: o do Escriba cuja missão é fazer com que os pensamentos quase mortos sobrevivam e que os séculos não sejam o sepulcro das doutrinas mais bem guardadas.

É ainda hoje uma crença, inteiramente nebulosa e quase completamente esquecida em seus detalhes, que a Grande Pandemia do ano 2020 contribuiu, de maneira decisiva, para a Ascensão dos Póstumos. Dali em diante, já ninguém pode dar conta, de ciência certa, da aceleração dos fatos: de como Gaia se tornou inabitável, de como os Póstumos abandonaram para sempre seu planeta na pioneira colonização de Marte para então começar a tomada do território exo-geodésico como guerra civil cósmica até a consolidação do império hoje caído.

Em contrapartida, não é inverossímil que a maioria das testemunhas conceda às crenças esotéricas dos Novíssimos um peso não desdenhável, inclusive decisivo, na derrota dos Póstumos. Como pertenço aos iniciados nesta matéria, que, deixemos claro, não era mais que outra forma da filosofia, proponho-me aqui a transcrever os postulados da Heresia da Disjunção. A primeira coisa que estes hereges nos ensinaram foi que, quando nosso triunfo ocorresse, as fontes intelectuais de nossa filosofia seriam arrastadas pelas areias de idades incalculáveis. Minha obstinação de Escriba me obriga a cumprir com meu dever de deitar por escrito o pouco que ainda sobrevive intacto de nossa doutrina com toda honestidade intelectual. Talvez não seja um testemunho menor, se é que alguém poderá chegar a estas páginas em algum vórtice evanescente do tempo. Um dos nossos maiores poetas o profetizara em seu livro de ventos: "terá havido um último dia, um dia final e infinito, um último galope" (Minieri, 2012: 129).

Esse dia chegou, e triunfamos: antes que um mundo diferente comece a se erguer é necessário indicar como os Póstumos conquistaram o Poder e, a seguir, em que sentido a Heresia da Disjunção sempre foi a filosofia menos suportada por eles e, ao mesmo tempo, por isso mesmo se transformou na mais encarniçada forma da anti-postumidade. Não queremos que estes acontecimentos ou nossa doutrina se evaporem em cidades sem nome ou sob o manto de opacas lendas que unicamente o Mito acabe encobrindo. Somos os Novíssimos e o que segue é nossa Crônica.

ADVERTÊNCIA

Nos tempos primordiais, dos quais nenhuma memória viva pode já dar conta senão como desarraigamento, olvido ou obscuros pesadelos indiscerníveis, escreveu-se na Mesopotâmia o drama preordenado de *Homo*. Em tabuinhas que resguardam o que há de mais antigo entre o mais antigo em matéria dos relatos humanos sobre a criação e o destino da Humanidade, deitaram-se por escrito as encruzilhadas decisivas.

O grande deus Enlil já não podia dormir por causa dos ruídos procedentes do progresso técnico que tinha se introduzido no mundo humano. Sua reação, impávida e impiedosa, foi o envio de uma Epidemia: "Ordenai que tenha lugar uma praga". Foi então que "a enfermidade, a insalubridade, a praga e a pestilência os golpearam [aos humanos] como um tornado" (Lambert - Millard - Civil, 1999: 107, 15-16). Só a intervenção do Homem do Discernimento pôde aliviar a catástrofe: este então se voltou para seu deus Ea (segundo a versão acádia) ou Enki (em sumério) que o aconselhou, diante da devastação generalizada, a fazer oferendas a Namtar, soberano inquestionável do inframundo, para suspender o interdito e levar "a matriz" a se liberar da maldição de "não poder dar à luz nenhum filho" (Lambert - Millard - Civil, 1999: 109, 60-61). Só assim, com a consagração ao mundo ctônico, pôs-se fim à Grande Epidemia, ainda que a recobrada prosperidade humana tenha conduzido, em sua desmesura, ao episódio do Grande Dilúvio, já perdido na areia da retentiva arqueológica humana.

Há mais de dois milênios que *Homo* cessou de existir. O Éon dos Póstumos entoou oportunamente sua marcha triunfal e seu estrépito destruidor se fez sentir em cada rincão de Gaia. A possibilidade de se comunicar com algum deus deixou de existir, e os Póstumos se asseguraram de que algo semelhante nunca mais fosse realizável. Desde aquele imemorial passado, já não existe nenhum Homem do Discernimento que consiga mediar com o mundo do Invisível para guiar os viventes em apuros, pois, precisamente, todo discernimento foi abolido. Desde aquela encruzilhada milenar, não existe nenhuma possibilidade de tecer um sentido para o desmembramento das desgraças cósmico-históricas. O ciclo das pandemias póstumas, guiadas pelo neognosticismo antidotário médico, tomou as rédeas da Ordem mundial com o braço armado da telemática política. O deserto cobriu toda a superfície do planeta e o discernimento finalmente pôde ser anuviado. Instituiu-se assim a Era da desistência radical que foi além até do que haviam anunciado os inveterados arautos do niilismo.

Em sua carta a Matila Ghyka, a pena de Paul Valéry expressou o drama dos tempos póstumos: "o equilíbrio entre o saber, o sentir e o poder está hoje quebrado" (Ghyka, 1958: 9). Podemos estender a reflexão de Valéry em novas direções e afirmar que esta tricotomia, definidora da matriz do Ocidente, colapsou junto com o final da metafísica e consequente ocaso da ciência. O esoterismo da Divina Proporção encontrou sua nêmesis no triunfo do esoterismo contra-iniciático do descontínuo. Por isso, para os Póstumos, tornou-se então impossível assentar as bases de um saber que não estivesse cindido das paixões até o ponto de transformar os dois âmbitos em contrapostos. Consequentemente, as paixões entre os seres falantes já não puderam nem se sentir (exceto como dor) nem se dizer (exceto como dilaceramento emudecido). Daí que tenha existido, naquele remoto tempo, uma incompreensão absoluta a respeito do Poder, desmultiplicado e concebido gnosticamente como poderes maniqueus, impedindo qualquer acesso à esfera do Invisível e das liberdades autênticas. O crepúsculo da Revolução foi, por essas razões, o selo da queda da tricotomia ocidental de saber, sentir e poder. A Disjuntologia nasceu, agora podemos vislumbrar isso, como a filosofia da época trágica dos Póstumos.

A.
TEORIA DOS FRACTOS

1. [1]Aristóteles proclamou, na história da metafísica, a existência de uma ciência "do que é, enquanto algo que é (*òn hêi ón*)" (*Metafísica*, 1003a 20-25). Ao mesmo tempo estabeleceu:

> Assim pois, se não existisse nenhuma outra entidade afora as fisicamente constituídas, a física seria ciência primeira. Se, ao contrário, existe alguma entidade imóvel, está será anterior e filosofia primeira (*philosophía próte*), e será universal (*kathólou*) deste modo: por ser primeira. E lhe caberá estudar o que é, enquanto algo que é, e o que é, e os atributos que lhe pertencem enquanto algo que é (*kaí perì toû óntos hêi ón taútes an eie theorêsai, kaì tí esti kaì tà huparchonta hêi ón*). (*Metafísica*, 1026a 27-32).

Ontologia, ousiologia, henologia, estudo do intelecto agente, todos os empreendimentos convergem na filosofia primeira. Para além de qualquer polêmica sobre a existência ou não de uma onto-teo-logia em Aristóteles (Natorp: 1888a e b), neste livro, o conceito de "filosofia primeira" será sinônimo do estudo do problema do Ser tal qual, desde Parmênides, foi enunciado como tarefa suprema do filosofar.

Agora, se o Ser é separável ou não dos entes em Aristóteles é uma disputa que não concerne aos nossos fins (Boehm: 1965). Aderimos à ideia, em todo caso, de que aqui estão ao menos as bases para um pensamento do Ser enquanto Ser. No entanto, toda a ontologia ocidental, em sua milenar história, concebeu o Ser, apesar das diversidades de suas enunciações, como algo completo e sem brechas estruturais. A parametafísica é uma

---

1 As teses aqui apresentadas são as premissas das proposições enunciadas nos livros *Princípios de espectrologia. A comunidade dos espectros II* e *Summa Cosmologiae. Breve tratado (político) de Imortalidade. A comunidade dos espectros IV*. As referidas proposições têm caráter conclusivo. Aqui está a armação conceitual que proporciona sua sustentação teórica.

pós-ontologia precisamente porque introduz o princípio da Disjunção no próprio Ser.

2. A disjunção no Ser não coincide com o problema da "cisão" metafísica entre "essência" e "existência", entre "substrato" e "predicação" ou entre "ser" e "ente". A Disjuntologia não equivale às cisões que levarão a metafísica a seu ocaso, ela se situa como a resposta que permite a superação de suas aporias.

3. Do ponto de vista da história da ontologia, se esta se concentrou em *tò ón*, que traduziremos (conscientes das necessárias reservas) por "o Ser", em contrapartida, o final epocal da **onto-teo-logia** impõe a tarefa suprema da Disjuntologia que já não se ocupa de *tò ón*, mas desenvolve seu objeto mais próprio no *diá-ón*, ou seja, no Ser disjunto. Nossa filosofia, consequentemente, se postula como uma paraontologia do *diá-ón*, o ser dividido por antonomásia, que, sem constituir uma proposição do fundamento, atua como a divisão transcendental que torna possível tudo aquilo que na pluralidade de mundos existe ou subsiste. Mais ainda, o *diá-ón* é a própria condição que torna possível e pensável a fractualidade.

4. A metafísica identificou texturas milenares do Ser nas modalidades da *physis*: contínuo, descontínuo, contiguidade ou mistura são algumas das mais decisivas. A pós-metafísica institui uma nova conceitualização que já não é mais, como as anteriores, uma declinação modal do Ser nos entes e sim o que o afeta na própria natureza de sua expressão transcendental: a disjunção.

5. Os fractos constituem uma condição formal do Ser, ou seja, sua estrutura transcendental que, ao mesmo tempo, se manifesta na imanência dos mundos possíveis. Os fractos carecem de percepção e de apetição pois são quadrículas parametafísicas em que o Ser tem lugar. Sua incorporeidade não apresenta as características da autarquia absoluta, mas apenas relativa, pois embora todo fracto seja *dissitus* em relação aos outros, entra com eles numa composição circunstancial e efêmera. Ao mesmo tempo, sua imaterialidade só pode se expressar como incorporal dos corpos que fende.

6. De acordo com o princípio dos indiscerníveis, nenhum fracto é igual a outro, e seu número é transfinito. Contudo, não há relação direta entre os fractos, mas convergência em sua expressão, efêmera e circunstancial, na ordem dos dis-versos em que se tornam captáveis. Amiúde, de fato, quanto mais *dissonus* é um fracto em relação a outro, mais pode se produzir um entrelaçamento parcial de caráter disjunto. Portanto, um fracto é a estrutura mínima do Ser e não o composto mínimo do Universo material ou dos mundos possíveis. Um fracto determina a condição de possibilidade da expressividade paraontológica de tudo que há: material, imaterial, visível, invisível, existente, subsistente, contínuo ou discreto.

7. Por não estar determinado pela relação e sim pela disjunção, o princípio do fracto é seu caráter separado, mas em tensão convergente que impede uma assimilação no Uno. Neste sentido, existem não tanto uni-versos quanto dis-versos transfinitos que são a expressão perceptível da forma disjunta do Ser. A *diáthesis* paraontológica dos fractos não corresponde à adequação, mas à justaposição discordante que, por efeito de ligação, permite uma ilusão de sentido. A exatidão, neste ponto, é filha da discordância ontológica reconhecida como consistente num conjunto finito e regional. A verdade, em contrapartida, é a assunção subjetiva da sub-repção própria da discordância

8. No Ser disjunto encontram expressão formal e realização perceptível tanto os existentes metafísicos quanto os subsistentes paraontológicos que estão alhures do ser. É precisamente a disjunção que faz com que o Ser não seja abrigo unicamente da existência, mas, pela própria lei de sua disparidade, dos subsistentes, os *daímones*, os espectros e as várias formas do Invisível (*tò aóraton*).

9. Por conseguinte, o Ser disjunto não corresponde inteiramente ao ser da metafísica, mas o abarca e excede num conjunto aberto que, por seu caráter transfinito (vale dizer, pela declinação plural dos fractos), não pode se autoapresentar como Unidade da pluralidade nem como Todo fractuado. O Todo é impossível precisamente pelo postulado dos fractos que desmultiplicam permanentemente o Ser.

10. O conceito de disjunção aqui analisado não responde à forma do silogismo disjuntivo em que a premissa maior é uma disjunção e a menor uma proposição categórica em que se enuncia que uma das alternantes exclui a outra (Cohen; Nagel, 1993: 101-102). Portanto, a disjunção pós-metafísica não se ampara nas condições de validade do silogismo tal como o estabeleceu a lógica, senão que, precisamente, é na ilogicidade que repousa sua consistência lógica. Isso indica que a fractologia pode ser sensível, sob determinados aspectos, à lógica e seus postulados, mas, considerada como conjunto, transborda-os e se ressitua além deles, ou melhor, faz da ilogicidade uma nova demanda de rigor para toda lógica futura que pretenda dar conta do fenômeno dos fractos.

11. A disjunção tal como pensada aqui não pode ser uma forma de "disjunção inclusiva". Ou seja, não estamos diante de um exemplo de síntese de *membra disjuncta* na univocidade do ser (Deleuze, 1969: 210). O postulado da univocidade plural do ser é rechaçado pela disjuntologia, mas, ainda mais decididamente, o conceito de relação é inoperante aqui, pois os fractos não se relacionam de modo imanente onde cada ser implica todos os seres. Entre os fractos pode haver convergência intertemporal ou ligação transicional, mas a síntese é uma propriedade alheia a sua estrutura paraontológica.

12. A tese da pluralidade dos mundos se integra, de modo constitutivo, à teoria dos fractos. Não existe mundo possível que não esteja determinado por fractos específicos, pois a fractualidade é a condição de possibilidade da expressão do Ser como multi-dis-versalidade.

13. Os fractos são as dimensões do Ser que permitem estabelecer a distinção entre o contínuo e o descontínuo em interação dinâmica. Não há razão para outorgar ao descontínuo qualquer preeminência ôntico-ontológica, pois a cada um corresponde sua região sinecológica própria. Particularmente, o âmbito do Invisível corresponde ao contínuo em sua expressão matemática demonstrativa. Mas, do ponto de vista parametafísico, tanto o contínuo como o descontínuo estão atravessados pela disjunção que, a uma só vez, os aproxima e os atravessa, tornando impossível o apresamento de um sobre o outro. Quem ignorar a preexistência disjuntiva corre o risco de afogar a experiência fractual do Ser para os viventes.

14. Um fracto é uma estrutura que condiciona de maneira transcendental o Ser, mas que não tem outra forma de manifestação senão na imanência dos agrupamentos que produz nos dis-versos múltiplos que conformam tudo quanto existe ou subsiste. Nesse sentido, os fractos são morfo-segmentos que atuam como dimensões que agrupam elementos sensíveis, supras-sensíveis, subsistentes ou insistentes. Um universo é a soma divergente de seus morfo-segmentos disjuntos que convergem de maneira temporal estabelecendo supra-formações que se agregam e se desagregam de acordo com os ritmos próprios da *inharmonia mundi*.

15. Quando um morfo-segmento adquire uma concentração particular de suas propriedades, obtém-se um *principium individuationis* que constitui, por exemplo, a vida de um ser falante destinada a se dispersar sob as formas características da imortalidade num pluriverso disjunto. Tudo quanto chamamos uma biografia não é mais que a ilusão projetada por uma *haecceitas* que faz dos elementos exógenos e heterogêneos de um morfo-segmento as propriedades transitórias da individualidade. Assim, toda identidade subjetiva é impossível, a não ser como ato performático *après coup*, pois sua estrutura disjunta se apresenta como determinante de sua filogenia em relação a um fracto expresso em sua segmentaridade.

16. Os elementos segmentários de um fracto não são específicos a este, pois seu contorno nunca é fechado nem autárquico. Ao contrário, todo fracto é uma espécie de *polyptoton* parametafísico em que um mesmo elemento pode ganhar expressão em distintos fractos simultaneamente. Por essa razão, aquilo que aparenta ser o mais singular de um vivente pode ser um elemento compartilhado, em uníssono, com outro singular num fracto diferente. A convergência dos fractos não impede que a disjunção determine sua separação constitutiva e sua comunicação se realiza como deiscência e, portanto, sem consciência da objetividade da trans-mundanidade. Um fracto nunca pode se pretender um universo em escala microcósmica porque, na verdade, a fractualidade impede que exista, em termos técnicos, um universo. Sempre nos achamos frente a um dis-verso impossível de suturar.

17. Os fractos implicam a imortalidade *terminative*, ou seja, a fractualidade como estrutura transcendental não conhece a finitude. A finitude nada mais é que a desagregação transfinita dos dis-versos que podem desaparecer do perceptível ou imaginável, mas, como intensidades formais dos fractos, se despotenciam num *átopos* metafísico que não conhece nem o espaço nem o tempo.

18. O regime paraontológico dos fractos adota sua expressão mais clara sob a forma da *inhaerentia*. Outrora identificada pelos medievais como a modalidade mais própria do acidente, agora é necessário radicalizar seu alcance para desprender o conceito de sua relação com a substância. Ao se constituir como uma parametafísica não substancialista, a disjuntologia identifica que os fractos realizam o ser como inerência sem substrato: sua aderência se propõe, portanto, como forma sutilíssima que se dá num vazio ontológico.

19. Pode-se sustentar, nessa nova acepção do conceito, que o *esse* dos fractos é *inesse* e que, em consequência, achamo-nos diante da presença de uma paraontologia *inhaesiva*. O Ser enquanto tal se realiza como inerência sem *arché*, e os fractos expressam sua adesão de superfície como autoconstituição disjunta que impede a aparição do Uno substancial.

20. Por isso mesmo, os fractos encontram seu apoio no caráter in-fundado do Ser e se posicionam como a proposição sem fundamento de tudo quanto existe ou subsiste no dis-verso plural. Achamo-nos, desse modo, diante de uma *innitentia* sem *subiectum*: os fractos disjuntos, sem poderem se apoiar uns nos outros, subsistem no Ser como projeções autossustentadas em sua própria precariedade paraontológica. E, embora não exista conjunção nem união, os fractos podem transitoriamente estabelecer ligação entre si quando, por exemplo, uma linha onto-isócrona replica os ecos de eventos ou entes simultâneos entre fractos diferentes, o que é uma maneira técnica de denominar a propriedade da transmundanidade.

21. Contudo, ainda que se tenha postulado que a razão podia ser sujeito de inerência no que tange aos entes inexistentes (Suárez, *Disputationes metaphysicae*, LIV, I, 5), a disjuntologia sustenta, ao contrário, que a consciência e seus derivados conceituais são o cenário de uma autêntica *incisio* do Ser. Esta, ao se manifestar na acossidade, faz de toda *psyché* um lugar que, para além do contínuo e do descontínuo, jamais pode se constituir como filigrana de Unidade, pois, originariamente, é dis-morfa. Nesse sentido, os fractos são uma inerência de superfície, ao passo que o princípio de individuação aparece como uma incisão do Ser na singularidade, deixando assim a marca perene e o arqui-rastro paleontológico da disjunção que a linguagem testemunha a cada passo, tanto em sua desagregação glossolálica quanto em seu deslizamento perpétuo para a ilogicidade do sem-sentido.

22. Dessa maneira, um fracto, assim como seus elementos, não encontra sua essência em si mesmo, mas na disjunção que, desafiando qualquer caráter substancial, pode fazer com que essa essência sem substrato exista em distintos fractos de uma só vez por efeito de enlace graças a um princípio de convergência que, na disjuntologia, se denomina individuação. É o que ocorre, precisamente, com a *psyché*, que existe como somatória potencialmente assintótica de entidades cuja existência só se verifica pela performatividade que lhes outorga seu agrupamento psíquico.

23. Seguindo o mesmo paralelismo, um fracto não é um substrato de que seja admissível uma predicação, já que, se os elementos de um fracto existem *in dicto* em um deles, podem fazê-lo *in re* em outro. Assim pode ocorrer com os casos dos entes inexistentes num mundo, subsistentes em outro, mas reais num terceiro. Só os contatos disjuntos entre os fractos, graças ao princípio de individuação, podem concentrar numa convergência transitória o que originariamente não são mais que fragmentações expressivas de um Ser des-totalizado.

24. Daí se segue que a própria diferença ontológica entre ser e ente não conduza a nada, já que, embora o Ser tenha uma função transcendental, ele só pode se posicionar como inerência de si mesmo ou como incisão de todo princípio de individuação. O Ser é captado como incisão e, ao mesmo tempo, esta última não é mais que a fase sensível de uma condição transcendental *inhaesiva*. A disjunção, precisamente, cumpre a função de indistinguir as modalidades da diferença para não criar uma mesmidade mas, ao contrário, uma diferença irredutível a qualquer dialética ou conciliação metafísica de um esquecimento pressuposto que não é mais que a constatação de uma propriedade originária: a fractualidade como destino último do Ser.

25. A pluralidade de mundos implica o postulado segundo o qual cada mundo pode encontrar sua origem, entropia e dispersão final, mas não os fractos que, como expressão formal do Ser, desconhecem a existência do espaço e do tempo que só são realizáveis nos mundos atualizados. Esses mundos, por sua parte, não são produto de uma hologênese cósmica. A criação e a destruição de mundos segue uma dinâmica contínua. Os fractos são, por assim dizer, a *dynamis* que torna possível a propriedade da pluralidade no dis-verso em que nenhuma divindade providencial atua como motor de uma totalidade por princípio e por factualidade impossível.

26. Dado que a pluralidade de mundos não implica nenhuma seletividade providencial destes segundo o critério de algum tipo de evolução metafísica, pode-se dizer que não existe um axioma de Grinnell paraontológico, já que não há competição entre os mundos por sua propensão ao Ser. Sua pluralidade, garantida pelo transcendentalismo dos fractos, permite todo tipo de convergências não excludentes, ainda que estas não sigam o princípio de não contradição.

27. A dicopatria ontológica é uma característica constitutiva dos elementos que se amalgamam nos fractos em sua disjunção inarmônica originária. Só os ecos transmundanos e os laços temporalmente estabelecidos de um ponto de individuação permitem uma convergência acidental e não substantiva entre os fractos. O contato efêmero de elementos de fractos diferentes permite o que denominaremos a haptonastia ou propensão à convergência da heterogeneidade dos fractos em sua deiscência formal.

28. O *principium individuationis* é uma convergência formal de distintos exo-morfos dos fractos expressos no interregno entre o visível e o Invisível. De modo algum constitui um vértice de substancialidade. Ao contrário, toda individuação é, do ponto de vista do substrato, uma anulação do eu, da consciência e da unidade. Assim, o *principium individuationis* não é, de modo algum, substante. Mas este não é o caso da *haecceitas,* que permanece como apercepção estrutural que o ser falante capta como *lógos* discursivo, mas que, em realidade, tudo que é vivo experimenta no *Lógos* pós-locucionário como linguagem universal aberta da vida segundo o princípio da imortalidade disjuntológica.

29. Um *lógion*: não há harmonia na proporção cosmológica. Um corolário: há *inharmonia mundi*, vale dizer, o acosmismo é o regime prevalecente no conjunto aberto conhecido como dis-verso.

30. A distinção entre o animado e o inanimado fica abolida como postulado diretor dentro da disjuntologia, sem que isso signifique, entretanto, uma aposta no panpsiquismo, uma vez que este, de um modo ou de outro, necessita como fundamentação uma *Ur*-psique originária, ao mesmo tempo imanente e transcendente, que o *diá ón* torna impossível. A disseminação de Psique não resulta num Todo pensante, mas, ao contrário, na fragmentação do pensar (que pode se dar indistintamente no animado e no inanimado e, portanto, eventualmente ser abrigado em ambos, mas de modo algum ser universal). À fragmentação disseminada do pensar corresponde não só o sem-sentido primário da ilogicidade do *Lógos* pós-locucionário como também o sem-sentido do que está para além de todo psiquismo.

31. O assim chamado *Noûs* separado, em suas diversas declinações, nunca é sinônimo do Todo, mas, ao contrário, não é mais que um fracto de pensamento incompleto e desconexo do ponto de vista de uma onicompreensão que busque uma coerência destinal para a totalidade dos mundos possíveis que não seja outra senão o próprio suceder de sua desmultiplicação perene.

32. Os espectros, *daímones* e divindades pertencem ao Invisível (*tò aóraton*), cujo regime de visibilidade é a psique-no-corpo. Sua letra se inscreve no *principium individuationis* e sua gravitação no Ser corresponde a uma subsistência alhures da ontologia clássica. A espectralidade é o modo como os fractos dão conta de sua tessitura paraontológica, pertence ao âmbito deles e é a *ékfrasis* da disjunção no Ser, situando-se, deste modo, para além de qualquer fenomenologia, pois, não sendo fenomênica, fende todo intento de manifestação no Aberto (*Lichtung*). A dissonância do espectro é o tom parametafísico que impede a Unidade do acosmos e marca, assim, a **deflexão do contínuo no real fractualizado**.

33. O caráter *disjectus* que todo fracto apresenta encontra sua expressão, em alguns mundos como o nosso, no aspecto irremediavelmente fragmentado de toda sexuação que, por propriedades ontológicas, subtrai-se a toda normativização do *genus sexualis* ou *physicum*. O objeto de desejo é, por **definição**, a busca da incôngrua *emendatio* do Ser, que atrai precisamente por sua impossibilidade, fazendo do Amor o simulacro ou artefato do *spiritus* necessário para que a disjunção de Psique não seja *alienatio sui* e sim desindividuação. O Amor como morte é a consagração da imortalidade do desejo como constante paracósmica.

34. Segundo o que poderíamos denominar o princípio de estabilidade de Lotze, "a imagem que agora devemos fazer da forma viva (*die lebendige Gestalt*) é a que corresponde à associação de muitos entes" (Lotze, 1885, I: 367). Ora, essa pluralidade de entes corresponde, no caso de Lotze, aos inumeráveis indivíduos que dão corpo à espécie humana. Esse legado da metafísica faz parte da base inicial da intersubjetividade como forma do mais-um no pensamento ocidental contemporâneo. Em contrapartida, o princípio de instabilidade da Disjuntologia sustenta que não existe tanto intersubjetividade quanto a convergência de multiplicidade de entes provenientes de diversos mundos possíveis ancorados em seus respectivos fractos. A única *Gestalt* possível para o vivente é a que a acossidade do extra-mundano provê como condição primária da mundanidade in-harmônica.

35. Daí se segue que a acosmologia do *diá ón* só possa se realizar na pluralidade dos mundos e, como nada dos fractos pode se perder, ainda que tudo possa neles se extraviar, a imortalidade de fragmentação é um corolário necessário que se depreende dos postulados acerca da realidade textural do acosmos. A imortalidade de fragmentação é a única forma de sobrevivência que pode se dar na eternidade dos fractos como estrutura transcendental do Ser. A finitude, em compensação, marca a região ontológica da vida viva. Agora, como não existe vida sem plus-de-vida, o excedente se volta para a aspectação fractual da realidade enquanto possibilidade de sobrevivência supra-pessoal tanto do biótico quanto do abiótico.

36. Torna-se compreensível então que a antropotecnia seja apenas o nome técnico para designar os complexos mecanismos ontológicos segundo os quais um *principium individuationis* pode ser moldado na forma de uma pessoa humana a partir da perfuração de seu substrato animal. A zoopolítica é apenas uma tecnologia finita para dar forma efêmera àquilo que resiste a toda in-formação definitiva. O espectro testemunha, precisamente, do reverso da zoopolítica, que só ao se tornar espectropolítica pode captar a disjunção que atravessa todo o fenômeno da vida impedindo sua coincidência consigo mesma numa forma-de-vida.

37. Não é necessário supor nenhuma teoria da causalidade entre o material e o imaterial ou temáticas peregrinas como as relações entre o corpo e a alma, que, a partir da inveterada tradição cartesiana moderna, levaram a filosofia a caminhos aporéticos. Ao contrário, é preciso supor que as chamadas "causalidades" entre as diferentes estruturas do real estão sobredeterminadas pela ação fantasmal à distância dos fractos entre si, pois disjunção não significa incomunicação, mas impossibilidade de harmonia ou de convergência no Uno.

38. Se o material não é mais que o imaterial segundo uma expressividade diferente, ambos os domínios, não obstante, podem ser distinguidos quanto à sua percepção por parte das singularidades viventes e dos seres falantes como domínios paraontológicos específicos. Nesse sentido, o imaterial exerce um *influxus physicus* que faz com que sua forma de expressão seja a fissura no corpo. A acossidade é também uma forma de *influxus spectrorum* sobre os corpos e, dessa forma, a acasualidade das relações entre os fractos é substituída por uma dinâmica de *influxus* cuja ação coincide com sua existência performática no movimento que, a partir dos fractos, configura a dinâmica do real.

39. Os fractos e seus elementos imateriais não têm nem preformação nem gênese. Quanto a isso, pertencem ao Imemorial do acosmos onde a noção de origem carece de sentido porque não existe, na estrutura do Ser, nem o tempo nem o espaço. Em compensação, todos os dis-versos materiais têm sua aparição como expressão da fractualidade enquanto matéria ou universos perceptíveis ainda que não estejam formados de um *substratum* material na acepção do termo que signifique necessariamente uma percepção sensível.

41. A pluralidade de mundos, sua dinâmica paraontológica e o abismo da Disjunção no Ser pertencem à filosofia primeira enquanto objetos de estudo. Já a natureza de nosso universo em particular pode ser objeto não apenas da filosofia como também da ciência física (e saberes aliados) com suas respectivas hipóteses regionais.

40. Uma vez expressa a fractualidade na matéria ou nas formas pensantes do acosmos, de que a noção de *Noûs* separado pode ser um exemplo, não existe hierarquia entre matéria e supra-matéria, pois a expressão não é gênese e sim desdobramento do Ser em excesso de si mesmo. Trata-se de um advento no próprio núcleo disjunto do Ser, que expande sua expressão sem necessidade de criar algo distinto de si mesmo porque todos os possíveis são, ao mesmo tempo, atuais eternos no Ser (inclusive o *nihil*). Por isso, sustentar que a matéria é criada não passa de uma figura de discurso para dar conta de nossas possibilidades de perceber um mundo atualizado em particular. Do ponto de vista do acosmos, só existe desvelamento ou ocultação da perenidade do Ser. A disjunção permite, justamente, a dinâmica dessa expressividade. Esta não é equivalente à metafísica da presença porque a paraontologia da expressão se distancia decididamente da mostração ôntico-ontológica clássica.

42. O Amor não pode existir no acosmos a não ser como morte mundana e trans-mundanidade de expressão, pois entre dois seres falantes (ou mais) a função amorosa é de caráter bijetivo (ou plurijetivo), vale dizer, cumprem-se as regras da injetividade e da sobrejetividade num plano paraontológico. Assim, quando um ser falante busca a identidade com o Outro, só pode encontrar a diferença. Só que a diferença é disjuntiva, e o laço conflui na dissolução das subjetividades que se encontram na afluência de uma morte num mundo específico.

43. A voluptuosidade segundo os termos definidos previamente (Ludueña Romandini, 2020: 161-164) é o único modo de espectralizar a finitude em incorporal que, embora inalcançável *per se*, é passível de experiência ultra-sensível.

44. Dessa maneira, as únicas duas constantes que existem na pluralidade dos mundos que constituem a expressão dos fractos são o Amor e a Imortalidade. A primeira constante tende ao polo da dissolução num mundo específico. A segunda atua como uma espécie de argumento diagonal de Cantor, pondo em evidência uma multiplicação de mundos com diferentes tipos de infinitos que tendem a uma cadeia que não pode ser fechada e se baseia num crescente poder aumentativo de expressividade. Sem a primeira constante, não se conheceria a finitude. Sem a segunda, não se poderia ter acesso à finitude da finitude.

45. No dis-verso, não existe, do ponto de vista paraontológico, um ente *simpliciter*, ou seja, sem qualificação. A disjunção qualifica tudo quanto existe e, portanto, o coloca em laço circunstancial com os fractos que o determinam. A determinação é sempre contingente e não oclusiva, sendo assim o limite parametafísico do niilismo que percorre o dis-verso apoiando-se nas capacidades de dissolução de Omega. Daí que o projeto póstumo apresente uma deficiência estrutural que põe a descoberto uma inconsistência paraontológico-política que, mais cedo ou mais tarde, tornará falaz a ambição dos sectários do Anti-Número.

46. Pela mesma razão, o *secundum quid* adquire no dis-verso uma pregnância decisiva, porque nada pode existir a não ser sob este modo. Todo ente é, a partir dos fractos que o determinam, *secundum quid*. Daí que não existem essências, e são precisamente as antes chamadas funções secundárias as que podem se tornar determinantes de acordo com o ponto de vista que se adote. E a própria noção de ponto de vista pode se tornar uma ilusão num semelhante contexto. Por isso recorrer ao conceito de *principium individuationis* não consiste em se aferrar *postliminio* a uma noção desterrada, mas, ao contrário, em conferir um novo sentido ao único **modo de convergência possível num ponto do dis-verso que se define pelas miríades de características secundárias que nunca podem articular uma essência, ou uma vida apreensível, ou uma biografia, ou um eterno retorno ou mesmo um** *Nachleben* **que assegure uma identidade que já não esteja fendida rumo a sua desfiguração paraontológica.**

47. O transcendentalismo imanente que a teoria dos fractos configura no Ser não admite a necessariedade (mas sim a contingência) dos três grandes **princípios metafísicos: não contradição, razão suficiente e antropismo** tal como isso foi oportunamente estudado para a pluralidade dos mundos possíveis (Ludueña Romandini, 2021: 32-33). Um fracto admite que em seu campo A e não-A possam ter lugar (essa é, precisamente, a ilogicidade do espectro); nenhum elemento se fundamenta num fracto como substrato, mas se abriga nele como insistente e, finalmente, nada na estrutura dos fractos se orienta, a priori, aos fins da justificação metafísica do *ánthropos*.

48. Uma ideia, um *daímon*, um espectro são entidades que guardam um parentesco de família, embora possam ser distinguidos teoricamente entre si. Um espectro é o arqui-rastro acossante da disjunção, um *daímon* é a potência efluxiva dos fractos no momento de sua expressão, e uma ideia é a materialização do ânimo pensante que é capacidade de todo fracto. As ideias podem eventualmente se agrupar em diversos *Noûs* de diferentes mundos possíveis, mas estes não são mais que conjuntos contingentes associados pela circunstância de um universo particular. As ideias, enquanto tais, surgem e se desagregam numa dinâmica permanente própria do campo dos fractos.

49. A corporalidade que tem lugar como fenômeno, por exemplo, da condição dos seres falantes do universo possível onde se encontra Gaia, é a imaterialização expressiva de um fracto segundo a forma de um empirismo provisório. O corpo é empírico enquanto marcado pela Letra, que é signo da estrutura fractual e, portanto, ao mesmo tempo, Linguagem pós-locucionária. Não obstante, nenhum empirismo performado por um arqui-signo fractual pode se constituir como totalidade corporal a menos que faça seu o que não é mais que um agregado de *spiritelli*.

50. O *Lógos* é o depósito dos rastros dos signos, que indicam sempre a possibilidade de vislumbrar a disjunção originária de todo corpo em sua relação com os fractos. A Voz é a in-harmonia anárquica como expressão da disjunção sobre a qual a harmonia cria o véu, sempre rasgado, do Ser-Uno. O *Lógos*, quando compreende seu caráter pós-locucionário, atinge o ponto em que, para além da linguística, surge a confrontação com a Disjunção, que nunca pode se dizer no dito, mas que se enuncia na distorção permanente do sentido e nos interstícios ilógicos das linguagens tanto naturais quanto formais.

51. Um *principium individuationis* é uma intersecção acósmica e nunca um amálgama fechado da Unicidade. Trata-se da expressão dos fractos provenientes do dis-verso: sua propriedade exo-corporal faz com que as ideias não circulem em seu interior, mas deslizem em sua superfície. Já sua intensidade intra-corporal permite que os *daímones* e os espectros acossem sua consciência para desviá-la de qualquer auto-reflexividade e precipitá-la no abismo de Psique, que não é senão o nome da vida disjunta.

O *principium individuationis* é, justamente, uma espécie de *sensorium* em que reverberam as potências do acosmos numa convergência contingente de *daímones*, espectros, ideias e matérias: tudo isso forma um corpo e permite, por exemplo, a existência do ser falante que, mediante a influxão, é demarcado pelos fractos que conformam o Ser. Os agregados que formam os corpos, por sua vez, não implicam hierarquias e sim elementos de um conjunto aberto, contingente e efêmero.

52. A paleontologia, que não deixa de ser uma forma de crítica histórica da metafísica, junto com outras metodologias diferentes como, por exemplo, a desconstrução, a genealogia ou a arqueologia, deve tomar todos os cuidados para não se tornar um viaduto que a converta numa espécie de agnoiologia acerca dos problemas da filosofia primeira. Não se deve esquecer a admonição: "a história da filosofia é a negação da filosofia" (Cioran, 1973: 177). Portanto, as críticas da metafísica são entendidas aqui como prolegômenos a uma parametafísica de caráter especulativo.

53. Toda metafísica implica sempre uma política. Assim como, por exemplo, a mônada era a declinação metafísica da teologia política monárquica ou a vida como substância era a forma privilegiada das democracias ocidentais herdeiras, mais ou menos próximas, da Revolução francesa, os fractos encontram sua politicidade para além da anarquia do Ser, sendo o elemento que desurde toda instituição instituída e faz com que os agrupamentos humanos sejam conjuntos efêmeros que não podem se cristalizar na forma do Poder. Só a foraclusão da fractualidade torna possível a instauração dos poderes do mundo. Diante dos fractos, sequer o Único pode conservar sua propriedade, pois não há *unicum* (mesmo sem fundamento) nem muito menos propriedades atribuíveis a um princípio de individuação como acidentes definidores.

54. A filosofia política ainda não conseguiu se converter sequer numa espécie de *Weltwissenschaft* à altura daquilo que alguma vez *Homo* anelou. Continua desintegrada pelas ilusões da geografia, que a impedem de se assumir como uma ciência autenticamente global.

55. Contudo, no presente seria inverossímil que alguém escrevesse um tratado com o título *De quantitate terrae habitabilis*, como pôde fazer Pierre d'Ailly, pois não existe hoje nenhum ponto do orbe a que a devastação humana não tenha chegado. Ainda assim, destrói-se globalmente, mas se pensa localmente. Entretanto, um pensamento des-locado é a condição necessária para uma ciência do político que aspire a renovar seus postulados geodésicos.

56. Hesíquio de Alexandria foi quem legou à posteridade uma sofisticada e exótica expressão que poderia ser o *motto* da filosofia política do futuro: *chórtos ouranoû* ou jardim do céu. De fato, a disjuntologia dos fractos, em seus postulados, não só deve ser um adjuvante para a política de Gaia como também, e sobretudo, a porta de acesso para uma filosofia das formas políticas exo-geodésicas que possam surgir se a Grande Migração rumo ao cosmos tiver lugar como destino para os viventes de Gaia.

57. Dessa forma, a política dos fractos é inteiramente espectral, pois, ao mesmo tempo que desliga todas as instituições temporais, faz convergir os seres vivos com o mundo do Invisível. Sua política é a dos transmundos possíveis que nunca alcançam outra identidade senão a ausência de toda vocação de estabilidade. Assim, a disjuntologia propugna por uma hiper-cosmologia política que pode dar conta da pluralidade dos mundos possíveis. Em consequência, qualquer política que se limite a Gaia e a um único Universo como limites de seu contorno conceitual é alheia ao ditado dos fractos. Não existe ainda uma política desse tipo, mas, talvez, poderá ser a política por vir nos futuros éons.

58. De igual modo, a política fractual está longe de toda utopia ou princípio esperança no sentido de que é impossível uma política redentora ou de reconciliação dialético-messiânica em todas suas vertentes. A disjunção é uma condição objetivante do dis-verso plural que, em si mesma, não comporta nenhuma tragédia a não ser para os seres falantes que ainda se agarram à ilusão de uma infância política que feche a disjunção que causa pavor diante do abismo. Ao contrário, a fractualidade é um convite político a habitar a disjunção enquanto tal e assumir os artefatos de uma politicidade efêmera, mas, por isso mesmo, um pouco mais livre dos engodos do Poder que promete o espelhismo do Um como salvação da vida, a saúde ou a *Humanitas*.

59. A ética deve ser entendida como o aspecto irredutível com que deve se medir todo pensamento especulativo. A disjuntologia reivindica uma ética cujos princípios não sejam antrópicos, mas que se balizem no acosmismo que postula a pluralidade de mundos como expressão da fractualidade do

Ser. Não pode haver, nesse sentido, uma ética preceptiva nem codificada. Não obstante, em sua forma mais imediata, um memento deve ser mantido presente como guia: habitar a disjunção implica dar lugar à *epopteia* que assinala a loucura divina que faz do Invisível um campo do subrepticiamente enunciável como o destino de toda paraontologia. O divino não é aqui senão o ponto ao redor do qual giram os dis-versos em sua incontornável acossidade. A ética, portanto, mais que enunciado, devém escuta da enunciação transmundana que não é outro ato senão a captação do estrépito primigênio, o inescrutável *Ur-Geräusch*. Por essa razão, aquilo que algumas vezes se buscou, em vão, como o que poderia estar para além do Ser não é outra coisa senão o abismo da Disjunção exposta como tal.

60. Filóstrato de Atenas indicara que só os deuses podem perceber os fatos futuros. Já o saber dos seres humanos alcança apenas eventos já ocorridos. Finalmente, o sábio conhece os que se aproximam (Filóstrato de Atenas, *Vida de Apolônio de Tiana*, VIII, 7). Nesse sentido, Schelling talvez tenha sido o filósofo que mais longe se aventurou em conhecer os três tempos de Filóstrato segundo uma das mais ambiciosas teologias político-metafísicas jamais concebidas (Stütter, 1962: 600-615). Como reza o início da primeira versão de suas *Idades do Mundo* "o passado (*das Vergangene*) é sabido (*gewusst*), o presente (*das Gegenwärtige*) é conhecido (*erkannt*), o futuro (*das Zukünftige*) é pressentido (*geahndet*)" (Schelling, 1993: 3). Sua configuração do desenvolvimento da Divindade através dos Éons (*Weltalter*) introduziu uma nova ambição na temporalidade filosófica a que ninguém ousou dar continuidade, todos preferindo se refugiar unicamente na História humana. Agora que *Homo* feneceu pode ser o momento de retomar não o sistema, mas o espírito dos Éons de Schelling para obter uma inteligibilidade da intemporalidade dos fractos disjuntos assim como do tempo que tudo consome em nosso mundo possível. O programa da filosofia por vir, então, deverá compreender os alcances e as implicações do Éon da Disjunção que se vislumbra já nos tempos que o filósofo humildemente perscruta.

B. PARERGA

SCIENTIA

[1] O panorama que Edmund Husserl traça quando expõe seu diagnóstico da *Krisis* das ciências europeias não apenas não perdeu sua vigência como, ao contrário, se tornou com o passar do tempo ainda mais lacerante e oportuno (Wahl, 1957). Certamente, o "naturalismo" e o "objetivismo" conduziram a uma crise que, para Husserl, tem seus antecedentes históricos na ciência grega e seu conceito de "verdade objetiva".

Agora, Husserl era completamente consciente de que a Guerra (*Krieg*) precipitou a crise e a mudança epocal:

> no desamparo de nossa vida (*Lebensnot*) – é o que se ouve por toda parte – esta ciência (*Wissenchaft*) não tem nada a nos dizer. As perguntas que ela exclui por princípio são precisamente as perguntas mais urgentes de nossa infortunada época (*unseligen Zeiten*) para uma humanidade abandonada às pontadas do destino: são as questões que dizem respeito ao sentido (*sinn*) ou à ausência de sentido (*Sinnlosigkeit*) de toda essa existência humana (*menschlichen Daseins*). (Husserl, 1954: 4).

Pôde-se chegar a esse ponto, estima o filósofo, porque se menosprezou o "ego-originário (*Ur-Ich*), o ego de minha *epoché*, que nunca pode perder sua unicidade (*Einzigkeit*) nem aquilo que há de indeclinablidade pessoal (*persönliche Undeklinierbarkeit*)" (Husserl, 1954: 188). Por isso, precisamente as "ciências do espírito", que o niilismo do pós-guerra pôs em dúvida junto com "a vocação do Ocidente a respeito da humanidade (*der menschheitlichen Sendung des Abenlandes*)", devem ser o fundamento último de toda ciência. Esse postulado se sustenta numa tese que lhe serve de base: "só o espírito (*Geist*) é imortal (*unsteblich*)" (Husserl, 1954: 348).

Se o mundo da vida foi mascarado pelas objetividades ideais da ciência, a aposta de Husserl chegou a extremos que, em muitas ocasiões, desafiam inclusive a filosofia posterior de Heidegger. É o caso do conceito limite de "Coisa" (*Ding*), ou seja, daquilo absolutamente desligado, que se encontra para além tanto do material quanto do animado e que desafia os alcances das ontologias regionais para assentar as bases de uma *characteristica universalis* que proceda, para além do *quantum* das ciências, sobre novas bases qualitativas. Ainda assim, um dos mais frutíferos conceitos do Husserl tardio continua encontrando sua impossibilidade de desenvolvimento na medida em que se acha limitado pela mônada individual que permite a *epoché*.

Em vista disso, a aposta husserliana deve ser ressituada naquilo que o próprio filósofo não foi capaz de captar plenamente porque acreditava que *Homo* ainda podia ser a "fênix de uma nova vida interior (*Phoenix einer neuen Lebensinnerlichkeit*)" (Husserl, 1954: 348), algo que, como o devir dos tempos atesta, não foi o caso. De modo que uma reconsideração do ponto de vista husserliano se torna tanto mais pregnante dado que devemos entender que por trás da crise das ciências o que se oculta é o final de *Homo*.

Este é o ponto cego da fenomenologia husserliana: a *epoché* já não é mais possível porque, precisamente, o *Lebenswelt*, o mundo da vida no qual *Homo* tinha um lugar privilegiado, foi arrasado e hoje é terra devastada. O *Ur-Ich* rebentou em sua ilusória unidade e já não é possível esperar outro destino que não a acossidade que dilui toda possibilidade de serena *epoché*, no momento em que o muro do sem-sentido limita toda fenomenologia transcendental exigindo uma disjuntologia radical que possa dar lugar ao dizer do que não pode ser dito ou do que ainda não pôde ser dito.

A ciência, agora entregue a suas próprias potências, carece da possibilidade de atribuir sentido, para começar, a si mesma. E desse ponto de vista se torna passível de apropriação por parte de qualquer discurso que deseje articular seus propósitos segundo as mais diversas direções. Isso ficou evidente do século XX em diante, quando a política tomou a ciência como uma autêntica tecnologia de poder *tanato-poiético*.

[II] Numa série de cartas e rascunhos de cartas que Simone Weil escreveu para seu irmão André, a filósofa designa o estado atual da ciência moderna, em que uma cesura irreversível se estabelece em relação a sua contrapartida antiga: "para eles [os gregos] a matemática constituía não um exercício do espírito, mas uma chave da natureza; chave buscada não com vistas à potência técnica sobre a natureza, mas com o fim de estabelecer uma identidade de estrutura entre o espírito humano e o universo" (Weil, 2008: 103).

Daí decorre uma apreciação sombria da matemática moderna: "se o objeto da ciência e da arte é tornar inteligível e sensível a unidade entre o universo e o espírito humano [...], a matemática atual, considerada seja como uma ciência, seja como uma arte, me parece singularmente afastada do mundo" (Weil, 2008: 103). Finalmente, o veredicto se faz peremptório: "a matemática atual constituiria uma tela entre o ser humano e o universo (e muitas vezes entre o ser humano e Deus, concebido à maneira dos gregos) em vez de colocá-los em contato" (Weil, 2008: 103).

É necessário então enveredar a fundo no caminho aberto por Simone Weil, pois, precisamente, o que podemos denominar a "hipótese hiper-cosmológica" reflete a rachadura da identidade de estrutura entre o espírito humano e o universo. No vocabulário clássico da filosofia, essa identidade estrutural era denominada "harmonia do mundo" (Jan, 1894:13-37). Com o surgimento da matemática probabilística da mecânica quântica (mas, genealogicamente, segundo Weil, numa linhagem teórica que remonta a Descartes) se produz uma cesura de descontinuidade na episteme ocidental que marca o fim da ciência, acontecimento que é o arauto do surgimento do que chamo de hiper-ciência e cujos pressupostos repousam na *in-harmonia mundi*.

Na literatura, grandes nomes descreveram diversos aspectos do fenômeno. Contudo, a *weird fiction* de H.P. Lovecraft foi talvez o intento mais eficaz de dar conta dessa autêntica mutação ontológica sem precedentes que coincide, ponto por ponto, com a ascensão dos Póstumos. No crepúsculo da metafísica, esse panorama desvela a disjunção como princípio diretor da paraontologia. Ou os Póstumos e sua hiper-ciência tomarão o governo absoluto do mundo por meio do descontínuo como novo Universal, ou a disjuntologia pode ter a oportunidade de fazer da *in-harmonia mundi* a nascente da possibilidade de pensar novamente, de cabo a rabo, aquilo que entendemos pelo Ser sem nenhuma garantia para o extinto *Homo*, mas seguramente com uma nova possibilidade de superar o império póstumo numa nova e inaudita figura do ultra-vivente que modifique todo nosso entendimento do que faz parte do acosmismo reinante na pluralidade dos mundos possíveis.

[III] Inciso ético. "O mundo tem necessidade de santos que tenham gênio como uma cidade onde grassa a peste tem necessidade de médicos. Ali onde há necessidade, há obrigação (*là où il y a besoin, il y a obligation*)" (Weil, 1966: 82). Esse é um autêntico axioma da filosofia e o único princípio ético do filósofo: não foi um acaso o fato de uma peste ter evidenciado isso quando todas as vocações, a começar pela própria medicina, parecem ter se curvado ao lucro político e econômico ou ante o mundo das aparências próprias do reconhecimento social.

IN-HARMONIA MUNDI

[1] A obra poética de Howard Philip Lovecraft é muito menos conhecida que suas narrativas. Mas indubitavelmente faz parte de pleno direito do que denominaremos os *Scripta* de Lovecraft, ou seja, um conjunto heterogêneo composto de narrativas de diferentes extensões (algumas escritas em co-autoria), ensaios filosóficos, escritos jornalísticos, textos sobre ciência, crítica literária, política, relatos de viagem, notas das mais diversas tonalidades e sobre os mais variados objetos e uma copiosa correspondência. Contudo, diversas articulações são possíveis dentro dessa massa textual. Certamente, é motivo de discussão se o próprio Lovecraft acreditava na mitologia que havia criado. Há indícios em seus ensaios e cartas de que o teor profundo da filosofia veiculada nas narrativas era compartilhado pelo escritor, mas não a forma exterior da mitologia.

Nesse sentido, cabe distinguir, segundo os textos, as posições de Lovecraft. Essa possibilidade, no entanto, nada tem de simples quando se trata de sua poesia. É possível, aliás, sustentar que sua poesia pertence a registros diferentes do corpus. Por um lado, a matéria poética, em muitas ocasiões, está a serviço da mitologia literária, mas seu sentido profundo encontra raízes nas convicções últimas de Lovecraft. Por outro lado, há poemas completamente desvinculados dos mitologemas fundamentais. E as possibilidades combinatórias podem ser multiplicadas não apenas por meio da comparação de diversos poemas entre si como também dentro da estrutura de um mesmo poema.

Por essa razão, vamos nos circunscrever, nestas considerações, à análise de um conjunto numericamente limitado de poemas que, em quase todos os casos, têm a dupla propriedade de serem parte integrante dos mitologemas centrais da obra narrativa e, ao mesmo tempo, de transmitirem a filosofia subjacente no Mito lovecraftiano. Por certo, nossa aproximação se baseia na hipótese de que é possível distinguir, com todo rigor, uma filosofia que se desdobra na mitologia do escritor de Providence. A formação e os interesses filosóficos de Lovecraft estão fora de qualquer dúvida, mas suas crenças metafísicas últimas são, ao mesmo tempo, extremamente variadas, contraditórias por vezes, mas sempre muito mais profundas e rigorosas do que supõem seus exegetas.

Dessa forma, os estudos sobre a filosofia de Lovecraft ainda têm muito caminho pela frente, enquanto a crítica literária de sua obra, como era de se esperar, avança com passo firme já faz um bom tempo. Do mesmo modo, a concepção filosófica de Lovecraft se coloca em relação com a disjuntologia aqui proposta (Ludueña Romandini, 2013), ao mesmo tempo que se diferencia dela.

Haveremos de nos concentrar então na visão cosmológica de Lovecraft. E sobre esta sustentamos a existência do que gostaríamos de denominar a "hipótese hipercosmológica" em que se inscrevem suas preocupações. Esta pressupõe, de fato, que Lovecraft enquadrou sua obra em certo ideal da ciência que se transformou num fundamento epistemológico a partir do qual estabeleceu uma filosofia sobre o universo material e sobre o destino do ser humano.

A ciência ideal de Lovecraft, dada a época em que viveu, não foi outra senão a física em suas formas mais avançadas. Grande conhecedor da história e da prática astronômicas, Lovecraft nunca deixou de se interessar pelo potencial de pensamento e pelas possibilidades literárias que as descobertas de Einstein e a interpretação de Copenhague tinham posto à disposição dos eruditos. Desse modo, embora não tenha sido o primeiro literato a estabelecer essas pontes com a ciência física, certamente foi o mais rigoroso e consequente dos escritores de *weird fiction* de sua geração a postular a ciência ideal como ideal de ciência para toda filosofia por vir. Desafio que, devemos reconhecer, a filosofia contemporânea ainda não foi capaz de vencer em toda sua amplitude e com todas as suas consequências.

Os versos de Lovecraft correspondem perfeitamente, quanto a sua estrutura, ao princípio de paralelismo do artifício poético tão magistralmente exposto pela linguística estrutural (Jakobson, 1981: 39). Entretanto, nosso objetivo nestas páginas não será elaborar uma "microscopia" das formas poetológicas (Jakobson, 1981:465) dos versos lovecraftianos e sim focalizar na macroscopia que supõe sua inscrição num universo postulado como cosmologicamanete em ruptura com a concepção antiga e medieval da ordem astronômica. Como nenhum outro escritor, Lovecraft defendeu a tese de que a filosofia de nossa época ainda não foi capaz de pensar as consequências ontológicas últimas da revolução produzida no seio do ideal da física de Galileu a Einstein.

Sem dúvida, a filosofia levou em consideração a física moderna, mas, da perspectiva de Lovecraft, de um modo assaz insuficiente, pois não pôde renovar seus conceitos para torná-los à altura dos novos desafios propostos por essa ciência. Nesse sentido, a metafísica ocidental continua sendo uma herdeira epistêmica de um cosmos greco-latino e cristão, ao passo que a poetologia cosmológica de Lovecraft se propõe a adentrar os abismos de um universo completamente alheio às categorias próprias da onto-teologia ocidental em sua tradição milenar. Para compreender o alcance e a significação dessa aposta lovecraftiana devemos analisar paleontologicamente, em primeiro lugar, algumas características da concepção clássica e cristã do cosmos.

[II] Os filósofos, de Platão em diante, ofereceram uma imagem muito delimitada do cosmos (ainda que haja elementos evidentemente herdados da antiga tradição dos sábios pré-platônicos). Do mesmo modo, em certas correntes religiosas, como o gnosticismo, os modelos da filosofia clássica voltarão a se tingir de algumas colorações mais sombrias (Denzey Lewis, 2013). A concepção clássica do universo pode ser bem exemplificada no *Timeu* (32D-33A) de Platão (Cornford, 1937; Vlastos, 1975; Gloy, 1986):

> suas intenções [do Demiurgo] eram as seguintes: que [o universo] fosse, na medida do possível, uma criatura viva, perfeita, constituída de partes perfeitas; e, assim, que pudesse ser único, de modo que não houvesse nada sobrando a partir do que outra criatura viva semelhante pudesse advir à existência [...] Portanto, devido a esse raciocínio, [o Demiurgo] o modelou [o Universo] para que fosse um conjunto único, composto de todos os conjuntos, perfeito

(*téleon*), imune à velhice (*ágeron*) e à enfermidade (*ánoson*). (Platão, 1999: 60-61).

Nesse sentido, a forma do Cosmos é modelada pelo Demiurgo de acordo com uma triplicidade que constitui a essência de sua ordem: trata-se de um Todo cuja *perfeição* é produto de sua *imutabilidade substancial* e da ausência radical de toda e qualquer *corrupção* constitutiva. Essa visão, não obstante, se reforça no platonismo posterior, como se pode comprovar no *Comentário* (I, 26) que Proclo faz a esse diálogo platônico:

> Mais ainda, que tudo isso seja feito de acordo com o correto introduz uma imagem da Justiça que ordena todas as coisas junto com Zeus [...] uma imagem da causa que ilumina o universo com a beleza demiúrgica, e os presentes hospitaleiros do intercâmbio que está determinado pelas propriedades especiais das divindades [...] ativando seus próprios poderes [os deuses] contribuem para a completude da primordial ordem providencial do universo instaurada pelo Demiurgo. (Proclo, 2007: 120).

Certamente, a determinação quanto a em que medida essas reinterpretações platônicas se devem a Siriano, o mestre de Proclo (Wear, 2011), continua sendo tema de debate. Mas, de qualquer jeito, é de capital importância a introdução da Justiça como elemento constitutivo da astronomia na tradição platônica. De fato, isso mostra, com toda clareza, que o cosmos antigo não é meramente o resultado de leis divinas e humanas de um movimento planetário impessoal e sim, ao contrário, um universo permeado eticamente e constitutivamente orientado para o Bem. Dessa perspectiva, não é possível pensar numa astronomia meramente matemática, já que a matematização da cosmologia antiga é consubstancial com a ética.

E, *mutatis mutandis*, toda ética se baseia numa cosmografia sumamente precisa. Nesse contexto, a ética não é apenas a forma de vida própria dos seres humanos, mas cada decisão individual, cada gesto que modela uma vida, deve estar em conformidade com o todo que supera o ser humano e que constitui a fonte na qual este pode beber para construir seu *modus vivendi*. Assim considerada, toda a astronomia antiga é uma forma de *ethos* cosmológico, e toda determinação da ação humana demanda uma exterioridade radical sobre a qual se assenta o agir humano. Dessa forma, não existe a possibilidade de reduzir a lei moral ao mundo dos costumes humanos: ao contrário, as formas da vida ética do ser humano são o resultado de sua inserção combinada na ordem de um cosmos transumano.

Junto a essa triplicidade conceitual que sela a eticidade do cosmos antigo coloca-se também uma impossibilidade fundamental: "é evidente que o Universo não é infinito" (Aristóteles, 1949: 34: *De Caelo* I, 7, 15). Por isso mesmo, no *Tratado acerca do Mundo*, o Pseudo-Aristóteles, sobre quem a investigação contemporânea lançou nova luz (Bowen – Wildberg, 2009), pode sustentar:

> O conjunto da totalidade dos seres, ou seja, o Céu, a Terra e o Mundo em sua totalidade, é uma ordem estabelecida por uma única harmonia resultante da mescla dos princípios mais opostos. O seco se mistura com o úmido, o quente com o frio, o leve com o pesado, o reto com o curvo, toda a terra, o éter, o Sol, a Lua e o Céu inteiro são ordenados por uma única potência que se expande através de todas as coisas [...] obrigando as naturezas mais opostas que se acham nele [o Mundo] a entrarem em acordo umas com as outras e a encontrarem um meio de assegurar a conservação do Universo [...] A harmonia é a causa da conservação do Mundo. (Aristóteles, 1949: 193: Pseudo-Aristóteles, *De Mundo*, 396b-397a).

O princípio triplo da ordem cósmica, então, vem precedido por uma instância superior que torna possível essa articulação: trata-se da *harmonia* que se expressa na própria estrutura do cosmos e que permite que este se conserve como a sede segura do habitat humano. Sobre esta base a astrologia poderá operar então como ciência astro-ética. Como assinala um dos seus mais conspícuos tratadistas antigos:

> Certo poder (*dúnamis*) que emana da etérea substância eterna se dispersa e permeia toda a região ao redor da Terra, a qual está completamente sujeita à mudança dado que, dos elementos sublunares primários, o fogo e o ar estão rodeados e sofrem a mudança devido aos movimentos no éter e, por sua vez, rodeiam e mudam todo o resto, a terra, a água, as plantas e os animais. (Ptolomeu, 1940: 6-7).

A astrologia se torna possível quando adquire consistência o que poderíamos denominar um dos grandes *themata* centrais da cosmovisão antiga

(Holton, 1978). A saber, a polaridade existente entre a harmonia do Todo e a influência de um universo perfeito sobre a vida que ele deve proteger e estimular (Neugebauer, 1975; North, 1989). Os elementos dessa visão unificadora do cosmos encontram-se, de maneira exemplar, num texto órfico como o *Hino a Apolo,* 24:

> Soberano de Delos, que possuis um olhar que a tudo abarca e ilumina os mortais, de áurea cabeleira, que pronuncias puros preceitos e oráculos. Escuta minhas súplicas a favor do povo, com ânimo benévolo, porque contemplas [...] a ditosa terra, do alto, e através da escuridão, na paz da noite, sob a sombra cujos olhos são estrelas, examinadas [...] Tudo floresces e ajustas harmonicamente toda a abóbada celeste com tua mui sonora cítara, quando [...] equilibras todo o céu de acordo com a ordem dórica, e escolhes as raças que se alimentam, endereçando aos homens um destino totalmente regulado pela harmonia [...] Por isso, os mortais te dão a denominação de soberano. (Orfeu, 1992: 256).

Como se vê, o caráter eminentemente político do hino eleva Apolo como soberano de um cosmos ordenado e, como tal, fiador do destino (político) dos seres humanos (Rudhardt, 1991; Detienne, 1989). Desse ponto de vista, pode se articular uma taxonomia cósmica com o governo astropolítico de um universo antropicamente orientado para o bem-estar e para a proliferação do homem sábio. Nesse sentido, para além das profundas transformações que o cristianismo trará a essa visão (Duhem, 1913), suas notas fundamentais serão resgatadas e ressignificadas a partir de uma mesma visão integradora do ser humano num universo definitivamente favorável ao assentamento da espécie humana (para além de certas condições particulares derivadas do mitologema do pecado original).

De fato, a teologia cristã só pode ser compreendida a partir do princípio cosmológico da *ordinatio ad unum*, isto é, de que toda a natureza criada obedece a um princípio macrocósmico, derivando de um Deus criador e soberano, primeiro motor e garante do movimento das esferas (Tomás de Aquino, *Scriptum super Sententiis*, d. 15, q. 1, a. 2; Tomás de Aquino, *Summa contra Gentiles*, III, 82, 8, 1926, t. 14: 245). Esse princípio tem seu correlato, ao mesmo tempo, na ordenação microcósmica dos corpos (animados e inanimados) e da natureza sublunar em seu conjunto. Por certo, como todo princípio cosmológico é também um princípio político, é possível sustentar, como fazia Tomás de Aquino, que "o que se dá segundo a natureza é considerado o melhor, pois em cada um opera a natureza por meio do que é o ótimo, por isso todo governo natural é unipessoal".

Desse modo, sustenta Tomás, tal como as abelhas – no microcosmos – têm uma rainha, de igual modo, "em todo o universo se dá um único Deus, criador e senhor de todas as coisas" de acordo com o princípio de que "toda multitude deriva de um".

Certamente, a escolástica reinterpreta aqui, de acordo com os modos da teologia política cristã, Aristóteles (*Metafísica*, XII, 1076a), que, por sua vez, se apoia numa interpretação filosófico-política das fontes homéricas (Homero, *Ilíada* II, 204). Pela mesma razão, então, na *societas* humana "o melhor será o que for dirigido por um (*optimum sit quod per unum regatur*)" (Tomás de Aquino, *De regno ad regem Cypri*, I, 2, 9 [1979, t. 42: 451]). Tomás enuncia a mesma ideia quando declara que as coisas do mundo humano devem estar "ordenadas umas em relação às outras à semelhança da ordem que se encontra no universo" (Tomás de Aquino, *Summa contra Gentiles*, III, 81. 4 [1926, t. 14: 240]). Daí então que todas as comunidades humanas não sejam senão um reflexo, por um lado, da ordem cósmica e angélica e, por outro, um fragmento complementar do conjunto constituído pela *respublica generis humani*, isto é, a Cristandade dirigida pelo único governo do Deus trino. Como se vê, o princípio cosmológico é inseparável do político em toda a teologia medieval (Lenoir, 1929).

Justamente por isso, alguns filósofos, ainda no Renascimento, colocarão em dúvida a legitimidade da astrologia, tomando como fundamento, precisamente, o sentido do ordenamento cósmico. Assim, lemos em um dos comentários bíblicos mais originais do período:

> Nobre é esta criatura [o universo vivo] e digna de que a exaltemos e celebremos, mas [...] nossas almas foram forjadas, tendo a Deus por artífice, na mesma cratera e com os mesmos elementos que as almas celestes, guardemo-nos de querer nos fazer servos daqueles que são nossos irmãos porque assim o quis a natureza [...] Cuidado, pois, para não desobedecer a vontade do artífice e a ordem do universo,

> como fazem muitos, dando e atribuindo ao céu mais do que o necessário; tratemos de nos esforçar para agradá-lo, para não causar desgosto a esse mesmo céu que leva no mais fundo de seu coração os decretos de Deus e a ordem do mundo (Pico della Mirandola, 1998: 142-143).

Para alguns filósofos mais hostis a certas formas da adivinhação, como será Pico, autor das célebres *Disputationes adversus astrologiam divinatricem*, a astrologia pode se tornar perigosa pelas mesmas razões que outros a defendiam, isto é, em nome da harmonia do cosmos (Garin, 1983: 83-112). Se para uns essa harmonia comportava uma intervenção das forças do cosmos sobre o destino humano, para outros Deus tinha criado um universo em que as esferas correspondiam à perfeição, só possibilitando uma liberdade de ação ao ser humano, a que estavam destinadas a servir.

A partir daí será possível introduzir uma divisão na história (que radicaliza posições próprias a uma antiga tradição) para distinguir, por um lado, a história natural (própria às operações do cosmos) e, por outro, a história civil (que abarca as façanhas humanas). É verdade que, de acordo com os filósofos renascentistas (Bacon, 1963, vol. III: 728-729), a divindade intervém em ambas as histórias; entretanto, se não fosse pelo laço divino, a história civil poderia começar a se desvincular do cosmos, pois já se distingue uma cesura de novo tipo em que a ação humana começa seu lento mas seguro processo de emancipação que conduzirá, finalmente, às modernas concepções próprias a uma história humana divorciada do acontecer natural (Ash, 2004: 186-212).

Sendo assim, o lugar do infinito só pode ser atribuído a Deus, ocupante do que alguns chamarão o "espaço imaginário (*spatiis imaginariis*)", enquanto o cosmos será o lugar do naturalmente finito (Compton-Carleton, 1649: 337, sectio IV, col. 2). Essa certeza só encontrará seu fim com a translação das propriedades do infinito divino à totalidade da extensão do cosmos. O espaço que Newton consolida, com sua revolução teológico-política, abrirá um desafio para a filosofia, que, desde então, teve sérias dificuldades para assimilar as implicações ontológicas da radicalidade do gesto newtoniano. Surpreendentemente, a literatura de Lovecraft talvez seja um dos lugares onde essa reflexão foi levada até suas últimas consequências, inclusive muito além de Newton. Encontraremos algumas dessas intuições lovecraftianas em sua inquietante poesia.

[III] O universo dos antigos e dos medievais era, no final das contas, um universo antrópico e fechado. Por isso, expressava um sentimento de maravilha diante do espetáculo da natureza que se encontra em diversos textos do mundo greco-romano e, como não poderia deixar de ser, medieval e moderno. O próprio Newton ainda compartilhava uma forma de dualidade entre o universo da ciência moderna que ele tinha levado a um ápice de realização teórica e o cosmos antigo, pleno de harmonia e constituído como uma articulação postulada como necessária entre Deus e o ser humano (Beresñak, 2017: 323). Daí os dilemas com que se deparam os estudiosos acerca da relação entre Newton, a teologia, a alquimia e a astrologia (Cowling, 1977; Schaffer, 1987; Dobbs, 2002).

Contudo, na obra literária de Howard Philip Lovecraft encontramos uma das formulações mais radicais sobre as implicações filosóficas da nova ciência física com que a Modernidade fez sua entrada em cena. Para começar, uma nova *Stimmung* determina o ânimo do homem moderno, como lemos em *Despair*:

> O'er the midnight moorlands crying,
> Thro' the cypress forests sighing,
> In the night-wind madly flying,
> Hellish forms with streaming hair;
> In the barren branches creaking,
> By the stagnant swamp-pools speaking,
> Past the shore-cliffs ever shrieking,
> Damn'd demons of despair.

> À meia-noite gemem os pântanos / Através dos bosques de ciprestes suspiram / No vento noturno voam loucamente / Formas infernais de cabelos como torrentes / Nos hirtos ramos que rangem / Pelos lodaçais estagnados, falam, / Atravessando as falésias costeiras que, sempre, gritam / Malditos demônios da desesperança. (Lovecraft, 2009: 64-65).

O espaço onde o ser humano deve encontrar seu habitat se encontra agora sob o império de uma natureza completamente hostil a seu ocupante. Numa demonstração de impecável neognosticismo político, as forças que jazem ocultas em seu seio já não podem ser aplacadas senão com rituais – provisoriamente eficazes – que podem apenas diminuir as potências dos "demônios da desesperança" convocados a exercer o domínio final do mundo natural. Por essa razão, a valência que até então se outorgara à vida se altera:

>Thus the living, lone and sobbing,
>In the throes of anguish throbbing,
>With the loathsome Furies robbing
>Night and noon of peace and rest.
>But beyond the groans and grating
>Of abhorrent Life, is waiting
>Sweet Oblivion, culminating
>All the years of fruitless quest.

Assim é o viver, solitário e choroso, / Latejando nas aflições da angústia, / Com repulsivas Fúrias roubando / Noites e manhãs de paz e descanso. / Porém, para além dos gemidos e das discórdias / Da aborrecida Vida espera / O doce Olvido, culminando / Todos os anos de infrutífera busca. (Lovecraft, 2009: 66-67).

Na nova cosmovisão, não apenas a vida nada mais tem a oferecer ao ser humano como também a morte aparece no horizonte como a última e necessária forma de alívio diante do novo cenário de um mundo inabitável. No entanto, se o mundo se transformou de forma duradoura, a poesia de Lovecraft mostra que, na origem desse desarraigamento, encontra-se a presença dos Antigos habitantes do cosmos que reclamam para si o substrato da vida humana. Diante da ameaçadora perspectiva, o esquecimento não só é a esperança do final de um padecer como também a cifra que sela, como princípio, a insubstancialidade de toda a história, as façanhas, os monumentos do que, em algum momento, pôde-se imaginar como os pináculos de uma civilização humana conquistadora. Por essa razão, o mistério da vida (humana) coincide com sua ausência de privilégio ontológico sobre um novo cosmos, essencialmente inumano. Assim, em *Life's Mystery* lemos:

> Life! Ah, Life!
> What may this fluorescent pageant mean?
> Who can the evanescent object glean?
> He that is dead is the key of Life
> Gone is the symbol, deep is the grave!

> Vida! Ah, Vida! / O que pode significar esse espetáculo resplendente? / Quem pode recolher esse objeto evanescente? / Aquele que está morto é a chave da Vida / Foi-se o símbolo, profundo é o túmulo! (Lovecraft, 2009: 56-57).

Dessa perspectiva, o espetáculo do cosmos, que antes era a casa do ser humano, agora não é mais que a forma mais perfeita de seu túmulo. Contudo, a nova situação não é mais que a constatação do que sempre esteve à espera desde o começo dos tempos. Não se trata apenas de um humano que descobre seu novo lugar no cosmos, mas também, e daí o estupor, de uma repentina tomada de consciência do que sempre esteve ali: a ilusão do universo antropocêntrico não foi mais que um sonho da humanidade, sem outro fundamento que não sua própria fantasia. Bastou os Modernos racharem as esferas e verem além dos espaços do éter para encontrarem, aqui na própria Terra, a lápide que, desde o começo do mundo, esteve dirigida à humanidade por seus habitantes legendários e primordiais.

O abismo que se abre entre o cosmos antigo e o novo universo pós-newtoniano (sabemos quão erudito era Lovecraft em matérias astronômicas) e as consequências filosóficas oriundas dessa cisão foram tematizados em seu poema *Astrophobos*:

> In the Midnight heaven's burning
> Through the ethereal deeps afar
> Once I watch'd with restless yearning
> An alluring aureate star;

> Ev'ry eve aloft returning
> Gleaming nigh the Artic Car.
> Mystic waves of beauty blended
> With the gorgeous golden rays
> Phantasies of bliss descended
> In a myrrh'd Elysian haze.
> In the lyre born chords extended
> Harmonies of Lydian lays.
> And (thought I) lies scenes of pleasure,
> Where the free and blessed dwell,
> And each moment bears a treasure,
> Freightened with the lotos-spell,
> **And there floats a liquid measure**
> From the lute of Israfel.

> À Meia-noite, o céu queimando, / Em etéreos abismos ao longe, / Uma vez contemplei, com anelo incessante, / Uma estrela brilhante e sedutora; / A cada noite estava lá no alto / Cintilando ao lado do Carro Ártico. / Místicas ondas de beleza se misturavam / Com deliciosos raios de ouro, / Fantasias de êxtase desciam / Numa bruma Elísea de mirra. / Nos acordes nascidos da lira prolongavam-se / Harmonias de baladas Lídias. / E (pensei) em cenas de prazer / Onde os livres e benditos vivem, / E cada instante traz um tesouro / Marcado com o feitiço do lotos, / **E onde flui um compasso líquido** / Do alaúde de Israfel. (Lovecraft, 2009: 110-111).

O poema começa, como se pode ver, com uma invocação ao antigo cosmos, ornado espetáculo da natureza observável para o homem; a visão é coroada, precisamente, por uma harmonia das esferas que assegura a união entre o microcosmos e o macrocosmos. Nesse sentido, o cosmos é habitação natural e ordenação rítmica da vida do ser humano: a sociedade, o pensamento e as formas da vida se adequam a um Uno que tudo contém numa taxonomia tão precisa quanto acolhedora. A referência de Lovecraft ao "lute of Israfel" constitui, sem dúvida, uma ambígua alusão a Poe. Por um lado, oportunidade de evocar seu mestre e o grande poema de 1831 (Poe, 2008: 171) em que o arcanjo islâmico Israfel canta apaixonadamente ao Céu em concordância com a lira humana. Por outro, constitui a adscrição do mestre ao antigo cosmos que, imediatamente, no poema de Lovecraft, vem desmentido como uma ilusão:

> Thus I mus'd when o'er the vision
> Crept a red delirious change;
> Hope dissolving to derision,
> Beauty to distortion strange;
> Hymnic chords in weird collision,
> Spectral sights in endless range...
> Crimson burn'd the star of madness
> As behind the beams I peer'd;
> All was woe that seem'd but gladness
> Ere my gaze with Truth was sear'd;
> Cacodaemons, mir'd with madness,
> Through the fever'd flick'ring leer'd...
> Now I know the fiendish fable
> Then the golden glitter bore;
> Now I shun the spangled sable
> That I watch'd and lov'd before;
> But the horror, set and stable,
> Haunts my soul for evermore!

Assim estava em minha confusão quando a visão / Se transformou num delírio vermelho; / A esperança se dissolveu em escárnio, / A beleza em feiura; / Acordes de hinos em horripilantes colisões, / Visões espectrais alinhadas sem fim... / Um carmesim de loucura incendiou a estrela / Quando contemplei fixamente seus raios; / Tudo era dor, já não havia mais gozo, / E ante meus olhos se revelou a dolorosa verdade; / Um pandemônio envolto na loucura, / Com febril revoluteio olhou lascivamente... / Agora sei como fabula o endemoniado / Em seu esplendor dourado; / Agora fujo de suas trevas enfeitadas, / Aquelas que contemplei e admirei tempos atrás; / Mas esse horror, permanente, constante, / Se refugiou em minha alma para sempre! (Lovecraft, 2009: 110-113).

Para além das ocasionais alusões devidas à influência gótica inicial, que paulatinamente cederão lugar na poesia lovecraftiana a um materialismo pleno, podemos ver aqui a completa inversão do cosmos clássico. Onde havia uma ordem perfeita agora encontramos um incêndio de estrelas, onde a eternidade reinava, o pandemônio toma seu lugar e onde a isenção de enfermidade e corrupção coroava o céu platônico, agora achamos a fábula unida ao delírio da descoberta do verdadeiro rosto de um universo hostil. Por isso, o ser humano do universo pós-newtoniano é um ser humano habitado pelo horror de se encontrar diante de um espaço que não foi configurado para ser seu habitat e sim sua silenciosa tumba. Chegados a este ponto, os novos seres fantásticos da mitologia lovecraftiana são intimados a cumprir a ominosa missão de reivindicar seu direito originário sobre uma Terra habitada apenas ocasionalmente pelo ser humano. Escreve Lovecraft em *Nyarlathothep*:

> And at the last from inner Egypt came
> The strange dark One to whom the fellahs bowed;
> Silent and lean and cryptically proud,
> And wrapped in fabrics red as sunset flame.
> Throngs pressed around, frantic for his commands,
> But leaving, could not tell what they had heard;
> While through the nations spread the awestruck word
> That wild beasts followed him and licked his hands.
> Soon from the sea a noxious birth began;
> Forgotten lands with weedy spires of gold;
> The ground was cleft, and mad auroras rolled
> Down on the quaking citadels of man.
> Then, crushing what he chanced to mould in play,
> The idiot Chaos blew Earth's dust away.

> E veio no fim, do interior do Egito, / O estranho Ser obscuro que os felás veneravam. / Silencioso, encurvado, misteriosamente arrogante, / Coberto por uma teia vermelha como a luz do ocaso, / Apressavam-se a seu redor, frenéticos por receber suas ordens, / Mas quando ele partia, não podiam repetir o que tinham ouvido; / Através das nações, corria a notícia apavorante / De que as bestas selvagens o seguiam e lambiam suas mãos. / Logo, do mar, começou a surgir algo malsão. / Esquecidas terras com cúpulas de ouro cobertas de maldade. / A Terra se abriu e loucas auroras caíram / sobre as cidadelas amedrontadas dos seres humanos. / Então, esmagando o que modelou por diversão, / O Caos idiota varreu o pó da Terra. (Lovecraft, 2009: 194-195).

O ocaso do cosmos antigo traz consigo, no universo lovecraftiano, o despertar de divindades recônditas de um tempo pretérito impossível de conjugar por qualquer mente humana. As entranhas da Terra, na mitologia lovecraftiana, estão habitadas por seres hostis que, na Modernidade industrial, voltam à vida para desafiar o ser humano e seu titanismo civilizacional. Lovecraft fora testemunha e vítima dessa organização socioeconômica (Joshi, 2001: 364-388). De fato, sua flutuação do conservadorismo político ao socialismo não pode ser explicada sem uma compreensão do diagnóstico que Lovecraft tinha traçado sobre os efeitos da Revolução Industrial e do advento da democracia moderna (Joshi, 2001: 346-363).

As maiores conquistas da espécie humana são então varridas da superfície terrestre por criaturas como o terrível Nyarlathothep, atraído, num obscuro ritual, pelos seres humanos que clamam por sua própria destruição. Nesse sentido, a poesia de Lovecraft também é uma invocação, uma teurgia que convoca entidades que, espera o poeta, ponham fim a um mundo onde a vida se tornou impossível. Essa figura poética e divisa política se resume na figura do Caos que, em *Azathoth*, adquire contornos bastante precisos:

> Out in the mindless void the daemon bore me,
> Past the bright clusters of dimensional space,
> Till neither time nor matter stretched before me,

But only Chaos, without form or place.
Here the vast Lord of All in darkness muttered
Things he had dreamed but could not understand,
While near him shapeless bat-things flopped and fluttered
In Idiot vortices that ray-streams fanned.

Ao abismo insensato conduziu-me o demônio, / Passados os limites brilhantes do espaço dimensional / Onde nem tempo nem matéria se estendiam ante mim, / Somente o Caos, sem forma nem lugar. / Ali, o vasto Senhor de Tudo murmurava na escuridão / Coisas que sonhara mas não podia entender. / Enquanto perto dele revoluteavam espécies de morcegos sem forma / Em vórtices sem sentido, atravessados pela luz. (Lovecraft, 2009: 196-197).

O universo lovecraftiano – herdeiro da física pós-newtoniana – é, no entanto, uma superação das leis de toda ciência. Certamente, como foi demonstrado, Lovecraft fora um admirador da filosofia de Bertrand Russell (Joshi, 2001: 294), mas o universo que se prefigura nos contos imbuídos do materialismo próprio do último período lovecraftiano é também profundamente in-humano, ou seja, ali não vigoram mais as grandes polaridades que haviam estruturado o mundo do *ánthropos*: os deuses são substituídos por seres biologicamente diversos que habitam o universo desde éons incomensuravelmente anteriores ao ser humano; abolidas as leis humanas, as noções de bem e de mal carecem de todo fundamento e, finalmente, o cosmos se revela como o lugar mais inóspito que se possa conceber para uma espécie insubstancial como a humana.

Dessa perspectiva, contudo, o Caos está incluído para além de todo espaço. Já não se trata meramente de conceber um Deus infinito para além do espaço como Compton-Carleton, mas tampouco de adotar unicamente o ponto de vista de uma física que estenda a propriedade do infinito à matéria em sua totalidade. Ao contrário, a assunção, em uníssono, do ocaso dos deuses e das consequências inelutáveis da física de seu tempo levou Lovecraft além dos limites que a hiperciência alcançara para se interrogar, de modo completamente materialista, sobre o tempo e a matéria enquanto formas superáveis sem a necessariedade de uma transcendência divina.

Certamente, essas perguntas não foram respondidas com a linguagem da filosofia e, por isso, ainda encontramos as alusões ao Senhor de Tudo, que, evidentemente, sem ser nenhum deus, é ainda uma entidade que está além de toda biologia conhecida. Ali onde surge a pergunta filosófica, Lovecraft acaba por obturá-la com uma metáfora ou com um personagem apto a fechar o ciclo da poética buscada. Operação completamente legítima e necessária à aposta literária do *weird tale* e da *science fiction story* combinados.

De todo modo, para a filosofia fica uma tarefa pendente que Lovecraft legou a ela como nenhum outro escritor de seu gênero. Ou seja, a análise macroscópica dos poemas paradigmáticos de Lovecraft nos leva a assumir como tarefa filosófica a consideração do que denominamos a "hipótese hipercosmológica" do escritor de Providence. Se esta lhe propiciou um marco epistemológico para se situar inclusive para além dos limites da hiperciência de seu tempo, mas dentro de um materialismo estrito, uma conclusão se impõe: a assunção radical do universo da física moderna implica que a hipótese hipercosmológica se resolva numa anulação do próprio conceito de cosmos. A homonímia categorial já não designa uma mesma realidade material, e a astrofobia é a *Stimmung* que consagra a ruptura.

O habitat onde se inscreve o ecossistema humano e, *a fortiori*, a abóbada celeste onde a própria Terra toma sua posição não podem mais ser explicadas por meio dos complexos recursos do cosmos antigo. A *in-harmonia mundi* se impõe como o novo signo dos tempos e constitui talvez o desafio do que a filosofia deve pensar se pretende não ficar para trás quanto aos mundos explorados pela ciência e pela literatura.

Portanto, o primeiro passo desse percurso talvez deva consistir em perceber a insuficiência da crítica que a filosofia do século XX fez a respeito do humanismo e, de maneira geral, do princípio antrópico. O que passou sob os efeitos de uma crítica não foi mais que a constatação necessária, mas também elementar, de uma situação muito mais radical que ainda está longe de ter sido explorada, isto é, as consequências filosóficas da queda da noção de cosmos e a consequente transformação inelutável da posição do ecossistema da vida em seu conjunto dentro da ordem de esferas que agora não apenas não estão mais diante do homem como também estão convocadas a prescindir da vida.

Por essas razões, o corolário dessa exploração implica que a própria noção de cosmos deve ser colocada em xeque no marco da disjuntologia. Embora seu acervo etimológico seja incerto, não há dúvida quanto à origem política do termo "cosmos", que aludia tanto à ordem política quanto militar para então ser extrapolado, filosoficamente, a fim de designar a ordem do Universo (Haebler, 1967: 101-118). Assim, como decidimos nomear hiperciência o final da *episteme* ocidental, que coincide com o declínio da metafísica e a emergência dos Póstumos, do mesmo modo o conceito de "hipercosmos" assinala que o modelo do universo, metafisicamente considerado como ordem (mesmo com suas significativas variações históricas), sofreu uma descontinuidade histórico-conceitual irreversível no mesmo período e, hoje em dia, se conservamos o termo é só por uma economia de linguagem.

Mas uma certeza deve prevalecer quanto ao essencial: o cosmos da disjuntologia não pertence ao domínio da ordem; pelo contrário, por efeito da paraontologia do *diá-on*, a disjunção fende toda ordem para postular um universo regido pelo acosmismo a que também chamamos de hipótese do hipercosmos. A consequência mais imediata dessa situação é que tudo o que o tempo histórico de *Homo* conheceu como ciência, saberes humanísticos ou política feneceu, e seus pressupostos devem ser revisados de cabo a rabo. A herança de uma parametafísica que possa estar à altura do desafio dos Póstumos é, precisamente, a mais importante tarefa da disjuntologia.

De fato, o horror ou a loucura que invadem os personagens da obra lovecraftiana não são mais que o sintoma extremo dos últimos *homines*, que não podem suportar os efeitos de assumir as consequências da disjunção no Ser. Todos os gestos metafísicos de Lovecraft, ainda que este permanecesse ancorado em sua filosofia materialista, apontam para um mesmo objetivo: introduzir a disjunção em todos os âmbitos possíveis e em cada uma das regiões da ontologia. Assim, a consciência se divorcia do corpo, e o corpo de seu interior; o eu não deixa de ser o Outro que habita mundos remotos e arcaicos; o Outro sempre é outro de algum Outro; o tempo arcaico desconjunta o regime temporal do presente até desfazê-lo; o espaço se desdobra levando até ao sem-sentido a geografia euclidiana; a identidade dos indivíduos não é mais que o resto arqueológico de uma ontogenia milenar de seres que a povoam para dividi-la a partir de uma interioridade que não é senão a via regia para o *Outside*.

Nesse caminho, o horror é a *Stimmung* predominante naqueles que ainda não podiam, sob nenhum aspecto histórico-epocal, assumir a realidade da disjunção. Essa descoberta de Lovecraft foi rapidamente obliterada pelos Póstumos sob a espécie do niilismo como forma *vivendi*. Mas Lovecraft escreveu para os séculos, e virão os tempos em que já não se temerá a disjunção originária do acosmos para dar lugar a um novo abalo epocal. Só que, para isso, talvez seja necessária a paciência milenar das criaturas lovecraftianas, que sempre souberam cultivar a espera larval na latência do Ser e nos interstícios de seus confins.

ETERNO RETORNO

[1] A disjuntologia não pode se esquivar de tratar o problema do Eterno Retorno, que convenceu Nietzsche, num ápice metafísico, de ter finalmente encontrado o segredo dos gregos. No Eterno Retorno se coloca em jogo um dos mais destacados intentos da era metafísica: o de, já em seu ocaso, dar conta, talvez pela última vez em seu devir historial, do problema da imortalidade.

A filosofia tematizou o Eterno Retorno: em sua história e na das religiões, a doutrina foi formulada de diversas maneiras, de Heráclito até Averróis (Eliade, 1949). Contudo, podemos admitir que uma de suas formulações mais extremas quanto à sua pregnância em relação à história da metafísica se encontra na noção de "Eterno Retorno" formulada por Nietzsche. Uma de suas melhores enunciações se encontra em *A gaia ciência,* onde lemos (no penúltimo parágrafo da edição de 1882):

> O que ocorreria se um dia ou uma noite um demônio (*Dämon*) deslizasse furtivamente em tua mais solitária solidão e te dissesse: "Esta vida, tal como a vives agora e tal como a viveste, terás que vivê-la uma vez mais e inúmeras vezes mais; e não haverá nada novo nela: cada dor e cada prazer e cada pensamento e suspiro e todo o indizivelmente pequeno e grande de tua vida terá que retornar a ti, e tudo na mesma série e na mesma sucessão – e igualmente esta aranha e este luar entre as árvores, e igualmente este instante e eu mesmo. O eterno relógio de areia da existência (*die ewige Sanduhr des Daseins*) será girado sempre de novo – e tu com ele, grão de pó do pó" [...] O quanto terias que gostar de ti mesmo e da vida para não pretender nada mais que essa confirmação derradeira, que esse último selo? (Nietzsche, 1973: 341).

A conclusão do aforismo pode ser posta em paralelo com a reformulação nietzschiana da doutrina clássica do amor ao destino traduzida numa reinterpretação do cogito cartesiano: "ainda vivo (*lebe*), ainda penso (*denke*): tenho que viver ainda, porque ainda tenho que pensar. *Sum, ergo cogito: cogito, ergo sum* [...] *Amor fati*: seja este desde agora meu amor!" (Nietzsche, 1973: 276).

Embora as interpretações costumem discernir no Eterno Retorno uma doutrina fundamentalmente ética e, não sem razão, um artefato polêmico contra a filosofia da história hegeliana (Löwith, 1995: 198), a titânica exegese de Karl Jaspers já havia proposto considerar o conceito sob uma ótica multifocal que desse conta dos aspectos físico, metafísico e existencial da concepção (Jaspers, 1981: 346-366).

Mas será Martin Heidegger que colocará, de modo decisivo, a noção de Eterno Retorno como princípio fundamental da metafísica nietzschiana, embora como elemento subsidiário da "vontade de poder" (Heidegger, 2008) e, portanto, produzindo um esvaziamento das conotações cosmológicas da aposta. Do mesmo modo, numa obra fulgurante, Pierre Klossowski tentou reconduzir a interpretação do "Eterno Retorno" como uma forma de multiplicação das individualidades aos fins de uma desmontagem da noção de identidade (Klossowski, 1969: 145-148). Esse subjetivismo radical era um eco, indubitável, da exegese epocal deleuziana, que situara o Eterno Retorno como "a reprodução do devir e, também, a produção de um devir ativo: o super-homem, o filho de Dionísio e de Ariadne" (Deleuze, 1962: 217-222).

O problema, tão caro a Deleuze, de saber se existe uma repetição plena ou, ao contrário, um diferencial em cada repetição que torna impossível um verdadeiro retorno do Mesmo não é, de modo algum, uma contribuição inédita da filosofia do século XX. De fato, a problemática se enuncia já com toda a clareza em Crisipo (Von Arnim, 1964: (626) 190). Essa via exegética, embora importantíssima por sua ênfase no caráter afirmativo do Eterno Retorno, obscurece os aspectos de negatividade presentes no conceito e faz da interpretação deleuziana uma forma de "progresso infinito", perspectiva rechaçada por Nietzsche.

Pois o "filólogo-centauro" (Sloterdjik, 1986: 32) tinha mais alguma coisa em mente. A alusão que, nos fragmentos póstumos, podemos encontrar ao "*annulos aeternitatis* (anel da eternidade)" evoca a importância do estoicismo na elaboração cosmológica da doutrina do Eterno Retorno de Nietzsche (Hahm, 1977; Rist, 1969; Sorabji, 1983; Bréhier, 1910; Gomperz, 1928: I, 175). Podemos ler uma de suas mais notáveis enunciações em Marco Aurélio:

> Recorda, pois, sempre dessas duas coisas: a primeira, que tudo (*pánta*), desde a eternidade (*ek aidíou*), é uniforme (*homoeidê*) e gira em círculos (*anakukloúmena*), e por isso não há nenhuma diferença entre assistir ao mesmo espetáculo por cem ou duzentos anos ou por um tempo infinito; e a segunda, que o homem mais farto de anos e aquele que morre assim que nasce perdem o mesmo, porque é só do presente que são privados, por ser a única coisa que possuem, e não se perde o que não se possui. (Marco Aurélio, *Pensamentos*, II, 14).

Como se vê, Nietzsche herda da tradição estoica uma aposta ética que se desprende da metafísica do "Grande Ano", do eterno retorno do mesmo. É uma forma de maximalismo ético que se baseia no que denominamos a "hipótese hipercosmológica". Ou seja, o único parâmetro ético aceitável é aquele que pressupõe que todos os eventos do cosmos terão de se repetir numa espécie de acabrunhante reiteração *ad infinitum* em cada um de seus detalhes (inclusive a livre decisão de aceitar a repetição). Certamente não se trata de uma forma de determinismo radical porque, no universo que recomeça uma vez atrás da outra, o sujeito escolhe, apesar de tudo, a orientação de seus atos, o vetor com que há de viver no sempiterno ciclo dos retornos.

Portanto, a vida ética que se deve abraçar é aquela que, esquadrinhada em cada um de seus detalhes, assume para si uma forma-de-vida tão inobjetável e plena que, *in extremis*, um sujeito estivesse disposto a aceitar sua reiteração como um ciclo inexorável, implacável e destinado a abraçar eternamente a própria forma vital em sua intensidade mais palpitante e acabada.

Nietzsche não deixa de intuir que só um demônio poderia propor ao ser humano semelhante aposta existencial, que, curiosamente, faz com que o imperativo categórico kantiano pareça um exercício para principiantes na ética. Finalmente, Kant detinha sua obsessão sobre os atos e, desse ponto de vista, o objeto de sua ética era minimalista. Nietzsche, em contrapartida, aumenta a aposta até elevá-la à escala do cosmos em sua totalidade. Seu antropismo é próprio de uma era titânica que já se avizinha com sua lei massiva: para que a prática ética do homem possa estar justificada e a vida possa ser assumida sem resto, todo o cosmos e, mais ainda, a magnitude do tempo universal que torna possível seu Eterno Retorno, devem ser o novo esquadro que trace os contornos de um espaço total onde o cosmos se põe a serviço do lugar que *Homo* deve encontrar nele para se justificar a si mesmo como vivente ético.

Desse ponto de vista, a aposta nietzschiana representa o ápice do pensamento especulativo ocidental como demonologia metafísica na medida em que sua ambição alcança a desmesura máxima do princípio antrópico: todo o cosmos, todas as infinitas repetições do mesmo e do outro, tudo quanto existe e existirá tem por função despertar em *Homo* sua consciência de ser excepcional num mundo que possa ser amado perpetuamente como tal e erigido como parâmetro que outorgue o sentido total e absoluto, isto é, superado e eterno, à existência do vivente humano. No entanto, a duração da vida para Nietzsche não se circunscreve unicamente à existência individual: é concebida na escala da própria espécie.

Georg Brandes (Brandes, 1909), de maneira decisiva, foi um dos primeiros a perceber que Nietzsche teve a coragem de explorar as consequências das ideias de Charles Darwin até o final: a teoria biológica da evolução implicava um correlato metafísico. *Homo* como tal estava destinado a ser superado no *Übermensch*, o qual, somos tentados a dizer, seria o único verdadeiramente capaz de assumir a tarefa demoníaca da ética do Eterno Retorno. A ética de Nietzsche é inumana porque, no fundo, não foi realmente pensada para *Homo* e sim como o manual para os pós-humanos que despontam no horizonte: só os últimos *homines* sabem que estão realizando o trabalho de parto que trará à luz os discípulos de Zaratustra, os sectários do Eterno Retorno, os centauros da ética cósmica.

Sendo assim, a pedra angular da ética nietzschiana é inconcebível sem a compreensão das implicações de sua metafísica do Eterno Retorno (algo que, muitas vezes, seus intérpretes insistem em negligenciar) e, por outro lado, veicula uma ambição transformada em exortação: ultrapassar os limites de *Homo* e conduzi-lo a sua pós-história. É legítimo então perguntar: se a ética cósmica tem antecedentes que o próprio Nietzsche encontrou no mundo antigo, a antropotecnia nietzschiana não seria a forma mais acabada do que simplesmente se conhece como tradição filosófica?

[II] O pensamento contemporâneo pôs uma ênfase particular em desvelar a importância da "animalidade" constitutiva do humano adotando as formas de um criticismo genealógico ou desconstrucionista incumbido de devolver o *Homo sapiens* ao seu substrato compartilhado com o resto de seus congêneres animais. Esse gesto é do maior valor, mas poderia nos levar a crer que a filosofia teria tido que esperar o zênite de seu ocaso metafísico para tomar consciência de ser uma sofisticada ferramenta de zootecnia. Assim, num exemplo eminente entre tantos, Jacques Derrida pôde se dedicar à desconstrução crítica da "licantropia" e das implicações do homem-lobo como conceito do "fora da lei" na história da soberania política do Ocidente moderno (Derrida, 2008: 141-187).

Contudo, os relatos sobre os "homens-lobos" (e outras variantes próximas como, por exemplo, os centauros) são bem conhecidos pelos mitógrafos, folcloristas e antropólogos do mundo antigo (Dumézil, 1929). Basta recordar, a título de exemplo, um antecedente evocado por Heródoto:

> É possível que os neuros sejam magos, pois dizem os citas e os gregos estabelecidos na Cítia que todo neuro uma vez por ano se transforma em lobo (*lykos gínetai*) por alguns dias e depois volta de novo a sua primeira figura. (Heródoto, *Historiae*, IV, 105, 2).

A alusão a um ritual de origens pré-históricas em território grego é fecunda, mesmo com todas as cautelas filológicas que se impõem em semelhante caso (Mannhardt, 1860; Farnell, 1907: 113-125), mas a antiguidade que o folclore revela não é necessária para medir a importância da presença do homem-lobo na história da filosofia. De fato, no primeiro volume deste políptico, sugerimos a importância constitutiva do rito jurídico da exposição como uma das figuras primordiais do poder político no Ocidente enquanto zoopolítica originária. Nesse ponto, séries mitológicas como a correspondente a Mileto, fundador da cidade epônima da Ásia

Menor, exposto por sua mãe e alimentado pelos lobos, não fazem senão reforçar nossa hipótese acerca do laço constitutivo entre a exposição como forma do poder político e o caráter animal, especialmente vinculado ao mundo dos lobos, que perfaz a silhueta do soberano (Nono de Panópolis, *Dionysiaca*, XIII, 546 y ss; Apolodoro, *Biblioteca*, III, 1, 2).

A soberania, em suas formações mitológicas mais arcaicas, estruturantes e eficazes, assume seu caráter de poder político na extrema proximidade que existe entre a figura da exposição e o mundo dos lobos que alimentam o futuro soberano. Desse modo, nos ritos mais antigos, o homem-lobo não será – como para os Modernos analisados por Derrida e outros – a figura suprema do excluído político e sim, ao contrário, a forma *par excellence* de assunção das características animais próprias de toda soberania. A complexa dialética que o homem-lobo assume na história política do Ocidente começa como uma forma de proximidade e indistinção entre poder político e animalidade. Por essa razão, toda política é constitutivamente também uma demonomania do lobo como soberano que faz com que o poder não seja mais que o exercício de uma força zootécnica.

Esse propósito adquire particular importância se levamos em consideração o fato de que precisamente o Liceu, a escola filosófica de Aristóteles, se construiu de forma adjacente ao templo de Apolo *Lykeios,* do qual deriva seu nome, ou seja, de Apolo como deus-lobo – sem dúvida, uma das manifestações mais antigas e inquietantes do deus solar (Lynch, 1972: 9-12). Nossa hipótese é de que essa vizinhança arquitetônico-cultual tem enormes consequências metafísicas. Muito cedo, o *lógos* filosófico toma como assento e *locus* específico de enunciação o lugar destinado à adoração do lobo e, mais precisamente, do mistério da passagem do homem ao lobo e vice-versa.

Nesse sentido, a filosofia se erige, secretamente, como uma licantropia do Ser, e toda ética é uma forma extrema de antropotecnologia destinada a produzir a metamorfose do lobo (como emblema supremo da animalidade) em *Homo*. Longe de qualquer exclusão originária do animal, a filosofia é a ciência suprema dos filósofos centauros, dos homens-lobos, de todos os híbridos que povoam as taxonomias políticas do Ocidente.

A pergunta então se impõe: por que a filosofia do século XXI parece se opor com tamanha obstinação a outorgar cidadania filosófica legítima a vampiros, zumbis e tantas outras criaturas que povoam o mundo atmosférico da cultura contemporânea? Tendo em conta as origens do filosofar, não poderia haver objetos mais propícios para uma metafísica que seja consciente de sua capacidade operativa como motor antropo-tecnológico (mas não necessariamente antrópico) do pensar. Essa possibilidade é amplamente explorada no mundo atual por todas as técnicas criativas a não ser a filosofia (salvo honrosas exceções, certamente). Um exemplo precoce na literatura do século XX é *O lobo da estepe* de Herman Hesse, que veicula o problema ancestral da licantropia filosófico-psíquica pela mediação do gnosticismo antigo, cujas fontes Hesse conheceu graças a sua análise com J.B. Lang, discípulo direto de Carl Gustav Jung (Quispel, 1978: 492-507).

Portanto, para além de qualquer necessária desconstrução, a filosofia deve assumir o caráter eminentemente in-humano de seu exercício, pois, desde seus inícios, seu objetivo foi a constituição de um mundo humano a partir do conhecimento de sua instabilidade originária, de seu parentesco com as sociedades de adoradores de animais selvagens. O projeto nietzschiano do *Übermensch*, em última instância, é o derradeiro sonho filosófico de envergadura que pretendeu transformar novamente o *Homo sapiens* numa espécie pós-humana, quando, em realidade, a filosofia esteve perseguindo esse *desideratum* desde o próprio momento fundacional em que o filósofo se constituiu sobre o *ex-tasis* de sua condição licantrópica originária. Não obstante, foi precisamente o fracasso dessa tentativa que conduziu à emergência inexorável dos Póstumos e de seu niilismo radical.

[III] Contudo, em Nietzsche, a aposta ética e a audácia centáurica se sustentam numa concepção metafísica do Eterno Retorno de que o *amor fati* é uma conclusão lógica, mas de modo algum uma premissa. As condições do Eterno Retorno como doutrina metafísica quase-esotérica do pensamento nietzschiano se enunciam com toda força em um fragmento póstumo da primavera de 1888 que polemiza com o mecanicismo e com a física de seu tempo (Small, 1990: 229-250; Spiekermann, 1992; D'Iorio, 1995).

> Só se pretendesse cometer o erro – e tomarei a precaução de não cometê-lo – de equiparar esse conceito correto de um *regressus in infinitum* com o conceito de modo algum aplicável de um *progressus* infinito [...] Se é lícito que o

mundo seja pensado como uma determinada quantidade de força e como um determinado número de centros de força (*als bestimmte Zahl von Kraftcentren*) – e qualquer outra representação (*Vorstellung*) continua sendo indeterminada e, consequentemente, inutilizável –, daí se segue que ele deva percorrer um número calculável de combinações no grande jogo de dados de sua existência. Num tempo infinito, toda possível combinação teria sido alcançada uma vez, em algum momento; mais ainda, teria sido alcançada infinitas vezes. E uma vez que entre cada combinação e seu próximo "retorno" hão de ter passado todas as combinações possíveis, e cada uma dessas combinações determina a sucessão inteira de combinações na mesma série, com isso estaria demonstrado um ciclo de séries absolutamente idênticas: o mundo como ciclo que já se repetiu infinitamente muitas vezes e que joga seu jogo (*Spiel*) *ad infinitum*. (Nietzsche, 1967: 14).

Aqui se pode apreciar o argumento proposto por Nietzsche: em um universo de matéria finita e de tempo infinito, o Eterno Retorno como combinação de mundos possíveis existentes em sucessão é um teorema inevitável. De sua parte, a física contemporânea tendeu a ver a matéria não necessariamente como infinita, mas como ilimitada e, portanto, carente de singularidades no "tempo imaginário". De fato, as variações a respeito da existência (ou confutação da existência) das singularidades foram um dos pontos centrais do debate astrofísico contemporâneo (Hawking-Ellis, 1968: 25-36; Hawking-Penrose, 1970: 529-548; Hartle-Hawking, 1983: 2960-2975).

No entanto, alguns astrofísicos contemporâneos sustentam a possibilidade não mais do Eterno Retorno do Mesmo, mas do infinito retorno de ciclos de universos em séries sucessivas (Penrose, 2009: 223-242). Uma fecunda teoria que, apesar de suas virtudes, parte de pressupostos, se expressa em modalidades e finalmente chega a conclusões muito diferentes daquelas propostas pela disjuntologia da pluralidade dos mundos.

Assim, embora seja possível sustentar uma hipótese sobre um infinito recomeço do Universo, o teorema de um retorno do mesmo Universo – como sugere Nietzsche – se vê invalidado uma vez alterada a premissa de uma quantidade de matéria finita. Ou seja, se o conceito de infinito (e não mais de ilimitado) se aplica não apenas ao tempo, como também à própria matéria, a consequência é a refutação do Eterno Retorno do Mesmo e, sobretudo, do retorno enquanto categoria física. Em contrapartida, o que nos interessa é a espessura metafísica do conceito, que pode continuar sendo sustentado sobre novas bases (pois a ontologia não deve, de modo algum, se converter numa nova *ancilla astrophysicae*).

De fato, a noção de infinito posterior à decisiva descoberta de sua matematização (a partir dos números transfinitos de Georg Cantor) seguiu o caminho inverso ao que tinha levado ao cálculo infinitesimal do século XVII. Ou seja, em vez de admitir a noção de infinito aplicada à física (caminho que tinham percorrido Newton e Leibniz), o desdobramento da matemática pós-cantoriana tendeu a dissociar o infinito matemático de uma relação direta com o mundo físico e, portanto, a constituí-lo como um conceito de razão (no sentido kantiano) que não possui nenhum correlato necessário com a experiência (Hilbert, 1926: 161-190). Com certeza, alguns físicos seguiram um caminho menos unilateral, lançando pontes possíveis para pensar um vínculo mais substantivo (e não meramente correlativo em termos de uma *dêixis* lógica desprovida de conteúdo empírico real) entre a realidade matemática e a física (Geroch-Hartle, 1986: 533-550).

De qualquer maneira, o Eterno Retorno pode ser visto como uma região possível dentro do que gostaríamos de chamar de *campo transcendental da iteração* como forma prototípica do devir da metafísica. Certamente, o Ocidente nunca quis pensar unicamente a forma do retorno como repetição do Mesmo. Ao contrário, desde o começo do caminho especulativo, a filosofia pensou tanto a sinonímia metafísica (a multiplicidade que remete ao Uno originário) quanto a homonímia metafísica (a identidade que abriga uma diferença imanente). Por isso mesmo, todas as variantes, desde a mesmidade absoluta até a afirmação diferencial, são formas de uma mesma classe que é a interação como manifestação preferencial do Ser enquanto devir.

Nessa perspectiva, a linguagem foi, provavelmente, um protótipo do retorno do mesmo como absoluto e do regresso do Outro como diferencial. A própria genealogia nietzchiana e suas derivas contemporâneas não existiriam, no final das contas, sem a possibilidade de uma iteração de séries discursivas históricas deslocadas, e a desconstrução é também uma gramatologia da iteração do signo como arqui-rastro que retorna. Daí que outras variantes da temporalidade do retorno cubram o espaço das mais diversas experiências do ser humano: do *Nachleben* das imagens até o "retorno do reprimido no sintoma", passando pelo "tempo redescoberto" da biografia interior, a obsessão pelo retorno reteve a atenção dos filósofos, escritores e artistas numa duração secular.

Nesse ponto, a filosofia continua tecendo laços de solidariedade com a teologia cristã, que é uma das formas mais ousadas de pensamento do corpo como iteração diferencial da vida. O problema aqui não é tanto que a ontogenia (princípio individualizante) repita a filogenia (princípio ontológico de massividade) quanto a ambição de que toda a filogenia como história da espécie seja, em certo sentido, a reduplicação ilimitada do corpo Adâmico originário (Böhlig, 2015: 90-106; Taubes, 2010: 84-93) e que daí se torne possível uma concepção que abalaria os fundamentos do mundo antigo: o Retorno de um *unicum*, do corpo do Messias que abre o caminho para o fim dos tempos (ou seja, para a interrupção da matriz repetitiva diferencial) e instala a Eternidade como concreção da identidade absoluta de todos os corpos ressuscitados, que repetem, pela última vez mas para todo sempre, a Mesmidade como atributo da perfeição incorporada. Com efeito, não faltaram aqueles que viram esta perspectiva com tamanho temor que quiseram fazer da dilação do retorno do Mesmo uma política da disposição estatal dos corpos mediante a doutrina quase-esotérica do *katéchon* (Schmitt, 1988).

Por outro lado, as formas mais sofisticadas da metafísica contemporânea tão somente reiteram a possibilidade de eliminar o luto perpétuo da humanidade que habita no sofrimento de seus mortos e no retorno de uma memória que luta para não se perder no tempo do não-retorno: podemos reconhecer aqui o programa do realismo especulativo na vertente da inexistência divina (Meillassoux, 2006: 105-115).

Porém, a teologia como absolutização da necessidade produz o mesmo resultado que a absolutização da contingência: uma divinologia antrópica destinada a restituir os corpos de todos os mortos em nome do

Deus já existente ou por vir, como consequência das leis onipresentes da Providência (inclusive suas variantes trans-humanistas secularizadas) ou como resultado de um Hiper-Caos que desconjunta o princípio de razão suficiente e desfaz a confiança na continuidade das leis físicas.

Quem poderia negar então a importância e a necessidade da investigação filosófica das formas do retorno e, entre elas, a do Eterno Retorno como protótipo extremo dessa possibilidade? Contudo, admitido isso, é legítimo se perguntar pelo umbral que estabelece as condições transcendentais da metafísica como formação iterativa. De fato, o Eterno Retorno de que Nietzsche se faz eco na voz milenar da ontologia não faz mais que contestar a finitude ou a infinitude sobre o ser como materialidade.

Admitido esse postulado, a duplicação idealista desses conceitos como correlatos matemáticos com função de *dêixis*, mas não necessariamente substantivamente existentes, faz parte do mesmo emaranhado de pensamento: a afirmação ou a negação do Eterno Retorno se realizou sempre sobre alguma forma de coincidência ou correlação entre o ser material e o ser do pensar. Da perspectiva que queríamos sugerir aqui, o materialismo e o idealismo (essencialista ou construtivista) não são senão dois elementos de um mesmo dispositivo: o desdobrar da metafísica sob a forma da iteração transcendental (e o termo *physis* conserva a memória do primeiro nome que a filosofia deu a essa qualidade estruturante).

Portanto, a disjuntologia coloca os seguintes desafios para a emergência de uma autêntica parametafísica:

a) É possível e necessário ir além do ponto alcançado pela metafísica em seu desenvolvimento histórico e chegar a situar a emergência de uma parametafísica do *Outside* entendida como suspensão ou ruptura da iteração como transcendental ontológico. A categoria de "extinção *absoluta*", ou seja, uma extinção que não deve ser pensada como o retorno contingente e periódico da estrutura catastrófica da iteração da Vida, implica essa aposta.

b) É concebível abraçar outra ética que não seja aquela proposta pelo demônio que soprou a Nietzsche a intuição do Eterno Retorno? Que nos seja permitido escutar então as palavras de outro demônio que proponha a ética de um mundo que não se reiterará jamais, a de um cosmos hostil ao ser humano e que não consentirá sequer na intensidade harmônica do belo momento, mas tão somente no pesadelo de cada instante. Em outras palavras, existe uma ética possível para o espaço do horror em que a possibilidade do retorno nos seja subtraída? A ética iterativa pôde se justificar, em seu ápice, *more geometrico*. É razoável duvidar de que o mesmo possa se dizer da ética do horror.

c) A "extinção absoluta" como categoria pós-metafísica não deve, entretanto, obstar uma especulação sobre a imortalidade como problema filosófico. Se a hipótese da extinção absoluta é um dispositivo heurístico destinado a confrontar o princípio antrópico, a imortalidade paraontológica é uma forma de cosmologia de uma pluralidade de mundos possíveis (em que a Vida se desmultiplica sempre além do princípio de iteração) e também pode ser pensada como um além de toda Vida e toda Morte. Em outras palavras, a imortalidade deve ser capaz de expandir a reflexão filosófica para além dos limites do par vida-morte como binômio metafísico para encontrar a geografia, ainda inexplorada, dos mundos que não se definem a partir da Vida e de seu negativo ontológico e ilusório: a Morte.

Essas perguntas são os fundamentos da metafísica do *Outside*, que tenta adentrar as trilhas que se desenham nas regiões exteriores ao campo demarcado pela vontade iterativa própria da ontologia que o Ocidente cultivou e cultiva com esmero até nossos dias. No entanto, semelhante tarefa pode parecer inumana. E seguramente o é, como toda tarefa própria da filosofia e, por isso, a exploração do que está além do horizonte da transcendentalidade iterativa requer, efetivamente, um retorno. Nesse caso, ao espírito licantrópico com que a filosofia começou suas especulações sobre o mundo e deu impulso a suas Escolas. Por certo, também nesse caso se trata de um retorno diferencial, pois os antigos filósofos-lobos ou filósofos-centauros já não podem erguer sua voz no mundo dos Póstumos. Por isso, se faz necessária uma licantropia filosófica de um novo tipo. E talvez um nome cifre a *Stimmung* em que se move o filósofo-lobo de nossa época: Pétrus Borel.

PSYCHÉ

[I] Nesse mundo talhado sobre o qual caiu uma noite de névoa abrasadora, devemos pensar sobre o destino atual do Ocidente que se encaminhou para uma implosão incontornável. Torna-se imprescindível vislumbrar não mais a *bíos* nem a *zoé*, mas a *psyché* como o nome, se não o mais antigo ao menos o conceitualmente mais abrangente (e de maneira alguma unitário) da vida, seguramente anterior às articulações mais tardias de Aristóteles em sua *Política*. Sustentamos que, apesar do que afirmam alguns estudiosos, não seria inadequado traduzir o termo *psyché* conforme um sentido primigênio de "vida", que depois teria sua significação restringida até chegar ao sentido de alma individual. Isso porque não está ausente das fontes mais antigas o fato de que os mortos possam ser representados a partir de seus corpos errantes ou transferidos às formas de serpentes (crença que deita raízes no Neolítico) e também figurados como um *eidolôn* ou imagem. Dessa forma, a *psyché* como "vida" é vida vivente e pós-vida, vida em corpo e *plus* de corpo, força metamórfica trans-humana que se esfuma no mundo da animalidade e no xamanismo dos sonhos. Em suma, a *psyché* produz, por sua mera existência, uma hiper-corporalidade em que corpo interno e exterioridade, vida e morte se desagregam como efeito de um *continuum* do existente. Nesse sentido, tampouco devemos esquecer que, nos períodos arcaicos, como foi justamente assinalado, "a vida é um aspecto do ser (*life is an aspect of being*)" (Eliade, 1959: 99).

[II] Com efeito, um dos ápices da filologia do século XIX já tinha estabelecido que o ser humano era concebido, nos arcaicos tempos homéricos, como um composto feito do corpo (*der Leib*) e das forças vitais (*Lebenkräfte*) num todo indissociável ao menos até a morte, momento em que a *psyché* como imagem invisível (*unsichtbaren Abbild*) adquire uma existência independente (Rohde, 1903: 5). A filologia posterior quis ver, no entanto, um processo mais lento de constituição dessa unidade psico-física, já que talvez se devesse observar em Homero uma cisão entre vida animal (*psyché*) e alma-espírito (*thumós*). De fato, em Homero tampouco está ausente a distinção entre vida animal e vida qualificada, como na expressão "*zóeis d'agathòn bíon*" (Homero, Odisseia, XV, 491), ainda que *zoè* possa se aplicar também à vida aprazível dos deuses.

A vitória do termo *psyché* como vocábulo que designa a vida como um todo e relega a noção de *thumós* ao âmbito da "bravura" (que antes estava associada à alma) seria antes um processo histórico que retrocede além dos tempos homéricos (Jaeger, 1947: 83). Mesmo assim, seja porque o sentido fosse originário ou, mais provavelmente, o resultado de uma constituição mais tardia, a *psyché* dos gregos terminaria sendo o nome do Ser que designaria a vida em suas facetas indivisíveis de um corpo e de um *plus* de corpo ilocalizável. Também é da mais alta relevância o caráter cósmico que a *psyché* revestia para os gregos, como bem atestam os fragmentos de Heráclito (cf., por exemplo, as implicações do fr. 36), nos quais é possível compreender a *psyché* como um fogo cósmico e, portanto, como uma materialidade que excede os limites do próprio *sóma* e "existe fora dos corpos" (Kirk, 1975: 341). Nesse sentido, a própria *psyché* é um excedente (e não um resto) de todo corpo, e se assimila ao Todo, outorgando à vida um sentido eminentemente cosmológico.

[III] Émile Benveniste, num artigo que constitui hoje uma autêntica raridade bibliográfica, qualifica o significado de *psyché* como vida a partir de sua dependência inicial em relação ao "sopro" ou "alento vital" e ao mesmo tempo sustenta que, em Homero, prevalece a acepção de "uma alma como princípio animado, mas fracamente animado, autônomo, porém dotado de uma existência apenas um pouco mais que virtual" (Benveniste, 1932: 165). Nesse sentido, Benveniste detecta aqui uma prevalência indo-europeia por sobre a herança creto-micênica, em que a *psyché* liberada pela morte será figurada, entre outras possibilidades, como uma borboleta ou um fantasma imaterial que leva "uma existência larvar nas regiões subterrâneas" (Benveniste, 1932: 165).

Em Píndaro, certamente é possível encontrar a significação de *psychá* como vida (Slater, 1969, v. *psychá*), tal como ocorre, por exemplo, na terceira Pítica: "perder a vida (*psychán*) pelo arco na guerra (*polémoi*)" (Píndaro, I: III, 101) embora também seja possível encontrar, graças a influências posteriores em que não devem se descartar traços órficos (Lloyd-Jones, 1984: 245-279), uma concepção da *psyché* enquanto alma imortal, como bem assinala Platão quando nos recorda que, para Píndaro, "a alma (*psyché*) é imortal (*athánaton*)" (Platão, Mênon, 81b).

[IV] Toda noção do político deriva, por conseguinte, da *psyché* em sua encarnação corporal. Quanto a isso, não se pode deixar de considerar uma passagem aristotélica que marcou de maneira duradoura todo o caminho da metafísica ocidental:

> Os sons emitidos pela voz (*phoné*) são símbolos das paixões da alma (*pathêmata tês psychês*), e as palavras escritas (*ta graphómena*) o são das palavras emitidas pela voz (*tà en tê phoné*). E do mesmo modo que a escrita não é a mesma para todos os homens, tampouco as expressões vocais são as mesmas. Contudo, as paixões da alma das quais essas expressões constituem os signos imediatos são idênticas para todos, como também sucede com as coisas de que essas paixões são semelhanças (*homoiómata*). (Aristóteles, *De interpretatione*, 1, 16a 2-9).

Sobre esse texto, Jacques Derrida assinalou com acerto que Aristóteles pode omitir "as afecções da alma" da análise por efeito de transparência (Derrida, 1967: 22). Para Derrida, trata-se de um modo de expressar que a alma não é uma substância e sim um efeito logológico ou um pressuposto logo-transcendental e, por isso mesmo, sem valor ontológico. Dessa forma, o "logocentrismo" (que é também um "fonocentrismo") é "solidário com a determinação do ser do ente como presença" (Derrida, 1967: 23).

Tanto a desconstrução derridiana, centrada no *grámma*, quanto a **arqueologia filosófica de Agamben**, que, ao contrário, coloca a Voz como fundamento negativo (Agamben, 1982: 54) são solidárias da metafísica que pretendem criticar, mas que, inversamente, marcou de forma duradoura suas exegeses. Ao se apoiar sobre a *phoné* ou o *grámma*, ambas as filosofias ganham impulso mediante a obliteração da *psyché* como entidade existente. Em outras palavras, a *psyché* só se torna aceitável por meio de uma espécie de denegação cripto-fundante ou como uma espectralidade própria da linguagem.

Aqui se torna necessário nos deslocarmos para além de Aristóteles e interpretarmos seu texto na direção de uma parametafísica e não de uma desconstrução. Desse modo, poderíamos estabelecer uma séria axiomática como esta:

1. Se a *psyché* é simbolizada pela *phoné* e esta, por sua vez, é simbolizada pela letra, devemos postular que no ato de simbolizar se abre um abismo constitutivo entre elas. A triplicidade "*psyché*-voz-letra" sustenta uma relação disjuntiva entre seus elementos que, no fundo, é a autêntica causa da arbitrariedade de qualquer signo linguístico.

2. A voz e a letra podem fender a *psyché* e dividi-la por um efeito de retroação não contemplável no marco da metafísica aristotélica. A "eficácia" do signo consiste precisamente na capacidade da voz e da letra de atravessar o abismo e produzir um salto de sutura da disjunção originária para conseguir assim se enodar na *psyché*. A *psyché* não está estruturada como uma linguagem e sim, ao contrário, dividida pela letra para que "faça forma" segundo estruturas disjuntas.

3. Não há *psyché* que não seja corpo, ou melhor, que não tenha feito do corpo seu sintoma. Daí que o caminho seja o contrário do esperado pela tradição filosófica: a voz e a letra não saem do corpo; entram neste de fora e fabricam o sujeito como um efeito de superfície inscrito no *sóma*.

4. Os axiomas precedentes implicam que a *psyché* não é nem uma transparência nem um fundamento negativo, mas uma realidade paraontológica disjunta. Salvo que a letra-voz outorga agência a um desejo que fende o corpo e, no mesmo ato, não faz senão abri-lo para um *Outside*. As vozes que falam e as linguagens que se escrevem pertencem à dimensão que os antigos estimavam própria dos *daímones*, ou seja, de um estrato extra-humano.

5. É necessário mudar radicalmente, então, o modo que o Ocidente assumiu para pensar a política desde Aristóteles. Se o *lógos* não é o

essencial do animal político, isso se deve a que a linguagem é uma exterioridade que já foi denominada *tò daimónion*. Por conseguinte, toda política está sempre em *ex-tasis* do humano, que, enquanto tal, só tem lugar como efeito *après coup*.

6. Na mesma direção, tudo que se agrupa sob o nome de *tò aóraton* é a expressão de uma disjunção pura, que não pode, portanto, ser apreendida sob as formas herdeiras da política clássica, mas tampouco sob os princípios do Ser.

Tendo em conta esses axiomas, o que poderia ser então uma política que assumisse plenamente o des-enodamento da triplicidade *psyché-phoné-grámma* como a sutura *après coup* de uma disjunção estrutural? Da resposta a essa interrogação dependerá a política que ainda não adveio, mas cujos novos contornos é necessário pensar, especialmente num momento, como o presente, em que o antigo nó foi desfeito. As múltiplas consequências desse feito, que marcam o colapso de uma era, resumem-se no fato de que, em todo o orbe, a verdade (*alétheia*) vagabundeia por interstícios vazios à espera de uma ocasião de advir ao ser-dito: mesmo (ou especialmente) nas intermitências da mentira como programa.

[V] Como foi demonstrado há muito tempo, a questão do verdadeiro e do falso não tem mais que uma importância teórica em nossas sociedades, ou seja, não "tem nenhuma importância em absoluto" (Chiaromonte, 1985: 140). Daí deriva uma mutação de envergadura inusitada no esquema político do pensamento ocidental, pois a verdade perde sua gravitação política (embora não necessariamente ontológica) com a ascensão dos Póstumos e a consolidação de sua cosmovisão onicompreensiva. Um signo evidente disso é o posicionamento dos Póstumos frente ao poder político. Na extinta era de *Homo,* uma reflexão incontornável a respeito disso foi levada a cabo por Étienne de la Boétie. Segundo os ditos de Michel de Montaigne, que podemos tomar como testemunha fiel que não merece desmentido algum, La Boétie não foi, precisamente, nenhum agitador da ordem pública durante sua vida. Mas isso não o impediu de realizar algo que hoje parece inverossímil aos habitantes do mundo: produzir uma reflexão sobre o paradoxo aparente de que os seres humanos, nascidos livres, decidem se submeter voluntariamente à servidão de uma ordem política qualquer.

Faz-se tanto mais pertinente recordar a indagação de La Boétie uma vez que este se encarrega, precisamente, de assinalar que os povos de todo mundo decifram, mais cedo ou mais tarde, os vícios dos poderosos e "os acusam por todas suas desgraças (*malheurs*), todas as pestes (*pestes*), todas as fomes (*famines*)" (La Boétie, *Discours*, 26). E, no entanto, a obediência se dá plenamente apesar das referidas contestações, exceto, é claro, nos períodos extraordinários das insurreições e revoltas. De certa forma, La Boétie tem o mérito de ser, não o primeiro, mas um dos mais destacados pensadores da Modernidade que atribuiu aos poderes uma conotação de suspeita e desconfiança.

Depois do *Discours de la servitude volontaire*, ninguém examinaria os meandros do poder sem questioná-los ao mesmo tempo. O contrário também é possível por efeito de contraposição estrutural: estaremos, nesses casos, diante dos defensores da ordem estabelecida. As tradições humanísticas, em boa medida, tinham herdado o ponto de vista de La Boétie. Mas hoje em dia, com as Humanidades já extraviadas para sempre, logrou-se um resultado contrário. Isto é, os universitários de todo o mundo, salvo exceção, abdicaram de qualquer espírito crítico frente à Grande Transformação que os Póstumos levam a cabo e que a pandemia que assolou o mundo a partir do ano 2020 só fez acelerar.

Pode-se dizer que, a partir do fato histórico conhecido como a pandemia mundial de Covid-19, a servidão voluntária se tornou completamente legítima, já que os habitantes de Gaia, uma vez induzidos pelos poderes às tecnologias do distanciamento social, aplicaram-nas com mais tenacidade que os Senhores do mundo. Foram os povos que transformaram em legítimas todas as medidas de desagregação social e as reforçaram até o paroxismo, levando a vida política e ética para o abismo. Desnecessário ressaltar que o gesto não foi unânime, mas cabe assinalar que foi majoritário e que a inclinação pela servidão ativa ganhou a partida. A obediência aos Poderes se tornou, por assim dizer, o cânone dominante do pensamento político da universidade mundial e das fábricas do *infotainment* global.

Para La Boétie, a obediência não era natural nem legítima. Agora se considera exatamente o contrário.

Tal fato não pode passar inadvertido a quem pretenda observar os caminhos e descaminhos do gnosticismo político ocidental que, na Era dos Póstumos, sofre uma metamorfose duradoura. Poderíamos dizer, dessa forma, que se produziu uma espécie de diagrama de inversão de valências na matriz política do Ocidente. Hoje, faz parte da doxa considerar a Natureza essencialmente boa (é fato que o próprio vírus causador da Covid-19 é um híbrido de origem natural, mas de incubação econômico-social). A premissa última da bondade da natureza, cabe arguir, se deixa entrever no afã de preservação da vida biológica mesmo que este signifique o sacrifício completo da ética política. A consequência se impõe: a única soteriologia aceita pelos Póstumos é a salvação do próprio corpo entendido como substrato anátomo-patológico. Não supreenderá então que os médicos sejam os autênticos gnósticos de nosso tempo. No entanto, como tais, eles não podem senão inverter os valores: os corpos já não são o tormento da alma (segundo a aporia precedente do gnosticismo político da era de *Homo*), mas, ao contrário, a reinvidicação de qualquer noção de *psyché* que exceda sua completa identificação com as redes neuronais é considerada a quimera das quimeras. Nada melhor que o corpo biológico então, pois não há valor externo que sugira um uso livre dele que mereça ser aceito. A única liberdade admitida para o corpo é sua conservação sob o regime específico da servidão voluntária legítima. O corolário do processo implica que já não existe nenhum Deus misericordioso oculto para além dos Arcontes deste mundo, que agora são considerados insuspeitos e bem dispostos: a *arché* se institui como fonte dos Poderes que exigem a servidão legítima, e a esperança, revolucionária ou de qualquer outro tipo, antes ponto de fuga do sistema, agora foi definitivamente expulsa do conjunto das equivalências políticas. A obediência legítima implica, desta forma, que o gnosticismo invertido é a religião política dos Póstumos, cujo desígnio não deixa de estar marcado por uma vontade de determinismo absoluto sem nenhum lugar, nem teórico nem prático, para as liberdades dos viventes. Assim, a isotopia conceitual do gnosticismo político ocidental mantém os merismas, porém, na inversão posicional de sua lógica, altera de modo irreversível a gramática dos viventes de todo o orbe. O que na lógica política é uma transvaloração das aglutinações conceituais, na História se traduz como um cataclismo epocal em cujo estrépito está se consolidando a Nova Era Póstuma.

Em outras palavras, tomando em consideração o que já foi dito aqui, ante a equivalência *psyché* (vida) = Ser, é preciso admitir que nos achamos, nos tempos presentes, nos umbrais de uma mutação irreversível na ordem do Ser. Indubitavelmente, de uma forma ou de outra, haverá um futuro para a Terra como geohistória ecossistêmica e como cronologia físico-acontecimental. Muito mais duvidoso, entretanto, é que vá existir um porvir para os habitantes do nosso mundo. Todos os viventes, em geral, estão ameaçados em graus diversos, mas, particularmente, é hoje mais difícil do que nunca pensar um porvir, ou seja, um futuro habitável, para os viventes em Gaia.

[VI] Derrida recorda que a noção de Signo é um descendente eminente desse "logocentrismo que é também um fonocentrismo, ou seja, proximidade absoluta da voz e do ser, da voz e do sentido do ser, da voz e da idealidade do sentido" (Derrida, 1967: 23). Ele sabia algo que costuma ser deixado de lado nos debates político-filosófico-linguísticos contemporâneos: o signo e a divindade têm o mesmo lugar e o mesmo momento de nascimento. A época do signo é essencialmente teológica e, segundo Derrida, talvez nunca termine. Mas sua clausura histórica está esboçada. Essa clausura permite tentar desconstituir a falha da máquina teológico-política (embora Derrida ainda não utilize a expressão "teológico-político", todos seus elementos estão ali colocados para que ela possa ser pronunciada).

Agora, enquanto Derrida escrevia essas páginas, não deixava de estar obscuramente consciente de que a máquina teológico-política estava, já então, meio século atrás, sendo ameaçada por outra máquina, ou melhor, pelas máquinas da cibernética. Um império da telemática estava se desenhando e suas consequências podiam ser atrozes. Derrida sabia disso, pois ele mesmo assinala que essa cibernética conseguirá se desfazer de todos os conceitos metafísicos: alma, vida, valor, escolha, memória. Acreditamos que hoje essa ameaça está mais próxima do que nunca de se realizar por completo. E, de fato, os fabricantes de futuro, ou seja, aqueles que trabalham contra todo porvir, estão hoje muito perto de proclamar seu triunfo no mundo que está se desenhando, agora mesmo, debaixo de nossos pés, no decurso da pandemia mundial. Digo muito perto porque sabemos das vozes dissidentes, mas não esqueçamos que, ao menos por enquanto, estas certamente são minoritárias.

Seja como for, meio século atrás Derrida acreditava que a cibernética não poderia, apesar de tudo, se desfazer da noção de escrita, de rastro (*trace*), de grama ou de grafema. Contudo, os assaltos não cessaram, e essa última noção da metafísica é hoje, precisamente, a que está colocada em xeque pela digitalização planetária. Estimamos pertinente e necessário perguntar se não estamos em presença, justamente, de uma subversão da própria noção de Signo enquanto tal. Uma nova ateologia do Anti-signo está em curso, e temos aqui para nós que ela deverá transformar, de cabo a rabo, tudo quanto conhecemos até o momento como um mundo humano. Sei: o mundo do Ser Humano que está fenecendo não tem, sobretudo nesta fase declinante, nada que mereça elogios. Muito pelo contrário. O risco, no entanto, é que existem aqueles que buscam substituí-lo por uma tirania ainda mais desapiedada, ainda mais pervasiva dos corpos. Aqueles que propugnam por esse futuro buscam desfazer o laço teológico-político do Signo em nome do Bit como operador da desagregação da vida como genoma: não mais as bodas do significante com o vivente, mas da configuração zoopolítica do vivente com o Bit enquanto elemento a-humano, para além de todo grafema. Se for assim mesmo, podemos estar numa aurora que, talvez, demore décadas, ou mesmo alguns séculos (como saber?) antes de se materializar por completo: ou seja, o fim da escrita não tanto como forma histórica, mas como efeito disjunto da Voz enquanto convergência metafísica. Não temos a menor dúvida de que assistimos ao momento em que muitos estão tentando assentar as pedras fundacionais desse movimento de longo alcance.

Podemos inferir, já que sustentamos que a escrita se enlaça com a *phoné* e esta com a *psyché*, que o final das duas primeiras acarreta necessariamente a ruína da terceira. Dissolver a *psyché* como entidade trans-material ou como *tópos* de convergência indistinta entre o material e o invisível ou, melhor ainda, como invisibilidade material, constitui um dos desígnios do Éon presente. Daí que o final da metafísica coincide com o final da zoopolítica como último refúgio da ontologia clássica. A própria categoria de vida carece de todas suas significações precedentes: já não é certamente *bíos* e nem sequer *zoé*. Muito menos corresponde às exigências cosmológicas da vida primordial que se cifrava na cosmologia da *psyché*. No tempo póstumo a que estamos chegando, os transtornos são tão profundos que atingem o próprio modo como, até o presente, pensamos a história milenar do Ser.

A gramática ontológico-política do Ocidente foi completamente esvaziada de toda inteligibilidade, e o que advém ainda não tem nome preciso, ainda que, preliminarmente, possamos denominá-lo a era da singularidade póstuma e sua emergência seja um dos fatos mais contundentes que já se apresentou na eco-história de Gaia. Como será uma humanidade desprovida de escrita e cuja *psyché* foi condenada ao exílio? É de se esperar que logo comecemos a intuir isso. Como já assinalamos, entendemos que a esse projeto se opõem outras forças. Sendo assim, também é possível que, por mais ominoso que se apresente o panorama, estejamos nos aproximando do que Derrida gostava de chamar, enigmaticamente, "o resplendor para além da clausura" (Derrida, 1967: 25).

[VII] Numa de suas mais ousadas afirmações, Sigmund Freud disse que a espacialidade (*Räumlichkeit*) pode ser concebida como uma projeção do caráter extenso (*Ausdehnung*) do aparato psíquico. Negando qualquer legitimidade à estética transcendental de cunho kantiano, Freud postula que "Psique é extensa (*Psyché ist ausgedehnt*)" (Freud, 1993: 152). Aqui a extensão vale como outra denominação da continuidade, e o fato de que o aparato psíquico seja definido com seu nome próprio mitológico não faz senão reconduzir Freud ao problema das potências demônicas que regem *Homo* e que ele tratou de conjurar em sua obra, de diversas formas, sob as roupagens de uma ciência de corte não poucas vezes biologizante.

Porém, nestas tardias anotações de Freud, Psique retorna para reivindicar seus direitos como potência do Invisível condutora dos destinos humanos e configuradora fundante do ecossistema do mundo. Mas já era tarde demais. A secreta invocação para a conquista final de Psique com o objetivo de fazer dela o território do discreto havia começado, e hoje se alcançou o ápice da despotencialização do Invisível. Daí que a obstinação dos tempos atuais se centre, precisamente, na noção de *psyché*, que, depois de milênios de existência, corre o risco de ser erradicada da face da Terra ao ser reduzida simplesmente a uma ilusão pretextada pela única existência aceitável para os Póstumos: a materialidade dos enlaces neuronais.

Por isso, em nossos dias, o autêntico sentido final da História não é outro, precisamente, senão o fenecimento do Espírito (herdeiro da *Psyché* arvorado como Absoluto metafísico) do panorama da existência dos viventes de Gaia. Daí que nossa época seja, sob todos os aspectos, um *experimentum stultitiae* em que a foraclusão do Invisível engendrou o efeito devastador a partir do qual os discursos massivos circulantes, nos sistemas telemáticos ou fora deles, não são mais que uma forma de *delirium* sem consciência de si mesmo e que se expande sob o irônico nome de "novo normal" transformando-se no Universal da Nova Ordem Póstuma. Dessa forma, não há verdade que possa ser encontrada fora da própria superfície do delírio planetário nem linguagem que escape de seu desengonço fundante para tomar a forma de um Evangelho da discrecionalidade telemática.

Porém, a parametafísica que defendemos sustenta que, apesar de tudo, Psique não desapareceu: apenas abandonou o mundo dos Póstumos para sobreviver, com suas propriedades fundamentais, no nó da disjunção do Ser que, para além do contínuo e do discreto, lhe permite ainda ser parte da autêntica medida determinante do cosmos.

A pandemia, para além das legítimas polêmicas sobre seu advento, aconteceu. A autêntica saída teria sido o abalo da ordem existente. Mas os Senhores do mundo, como quase sempre, compreenderam primeiro e tomaram a dianteira. Seu objetivo: a conquista de *Psyché* e, assim, de todas suas valências: vida, morte, linguagem.

Durante esta pandemia e as que seguramente haverão logo de sucedê-la no futuro está se desenhando o novo ordenamento global sob o eufemismo impolítico do "novo normal" que não é outra coisa senão uma nova escravidão existencial.

Ora, semelhante assalto à *Psyché* pode prosperar? Não é inverossímil tendo em conta os resultados até o presente. Mesmo assim, os custos se farão sentir de maneira implacável e a insânia não deixará de constar entre eles. Hoje como sempre o extravio ou a salvação está nas mãos dos seres falantes. Não é certo, porém, que estes ainda creiam em suas possibilidades. A delegação absoluta do poder político e a desistência diante das máquinas são os signos de um ocaso. Se algo não for feito logo, a última coisa que a filosofia escreverá, antes de sair de cena, será o epitáfio do mundo humano. Pode-se inclusive afirmar que ele já está sendo escrito.

[VIII] Em que consistem as forças que habitam a Psique? Um exemplo proveniente da tradição monástica russa as deixa transluzir de maneira inequívoca. Conta a crônica que

> o monge Isaac, consagrado a uma vida ascética, uma noite, como de costume, apagou a vela de sua cela e, então, uma luz subitamente resplandeceu na cripta como se proviesse do sol, tão forte que obnubilou a visão do monge. Dois belos jovens se aproximaram dele. Seus rostos eram radiantes como o sol e lhe disseram: "Isaac, somos anjos; Cristo se aproxima de ti. Prostra-te e o adora". Isaac não percebeu o artifício demoníaco nem se lembrou de se persignar; ajoelhou-se diante da obra dos demônios como se fossem o próprio Cristo. Então os demônios gritaram: "Agora, Isaac, tu nos pertences" [...] É maravilhoso e estranho que tenha permanecido assim por dois anos, não ingerindo pão nem água nem qualquer outra comida ou fruta; nem podendo falar, mas permanecendo surdo-mudo aqueles dois anos inteiros. (Zenkovsky, 1974: 112-116).

Finalmente, Isaac conseguiu, com seu ascetismo e força de vontade, quebrar o feitiço demoníaco e se libertar. Importa destacar aqui que a Psique de Isaac era precisamente tal porque constituía o espaço onde sua interioridade se definia a partir de seu agônico enfrentamento com as potências do *Outside*. Pode-se dizer que os próprios demônios performaram sua Psique e lhe deram existência com sua atuação. Nesse sentido, é a própria acossidade de que Psique é expressão que lhe outorga sua espessura ontológica.

Aquele longínquo monge russo ainda podia reconhecer as potências de que Psique era portadora e, em consequência, era capaz de definir todo o sentido de sua vida a partir da confrontação ético-política com o mundo extra-humano que definia, então, a possibilidade que *Homo* tinha de ter acesso ao Invisível. Quando os Póstumos conquistaram o mundo, o antiquíssimo portal de Psique se fechou como experiência do Fora e selou o destino de *Homo* para sempre, instaurando o reino Póstumo da devastação de todo o orbe. Ninguém pôde, a partir de então, conhecer esse mínimo grau de ação que no mundo de antanho era conhecido sob o nome de liberdade.

MANIERA: O NOME DA VIDA

[1] Situemo-nos, seguindo nosso traçado, num âmbito muito particular do início da Modernidade: a Veneza do legendário Ticiano. Se tivermos suficiente cuidado, talvez ainda possamos extrair uma lição desse longínquo e, indubitavelmente, já fenecido passado.

Um autêntico banquete festivo foi celebrado no dia primeiro de agosto de 1540 na casa de Ticiano em Veneza, com convidados tão ilustres quanto Pietro Arentino ou o gramático Francesco Priscianese, que, precisamente, nos legou numa de suas obras eruditas um precioso testemunho das festas de Ticiano, onde "os prazeres (*piaceri*) e diversões (*sollazi*) combinavam com a qualidade do tempo, das pessoas e da festa (*festa*)" (Priscianese, 1540: s/n). Não é inútil ressaltar que nenhum tratado de gramática escrito na atualidade poderia conter um relato tão edificante sobre os prazeres da boa vida. Afortunadamente, não era esse o caso nos tempos de Ticiano, e assim conservamos esse inestimável documento que nos mostra que, para o pintor, a vida tinha sido feita, acima de tudo, para o prazer e que, de fato, a vida era vivível porque alterava seu ritmo habitual para se conformar na suspensão do tempo que a festa representa. Na festa, a própria vida se intensifica a tal ponto que se indistingue o biológico do psíquico, tornando-se uma forma de *plus-de-ser* que ejeta os seres falantes para um ponto de eternidade no acontecer presente.

Desse modo, resulta mais compreensível o *motto* de Ticiano: "*natura potentior ars* (a arte é mais poderosa que a natureza)", que conhecemos graças aos ofícios de Battista Pittoni e seu livro de *imprese*. Ali se estabelece, justamente, que Ticiano "venceu a arte, o engenho e a natureza" (Pittoni, 1562: 200). Semelhante afirmação mostra que em Ticiano a filosofia calou mais fundo do que costumam admitir muitos intérpretes. O *motto* de Ticiano não menospreza a natureza. Ao contrário, mostra que a arte roça nela englobando-a ou, dito de outro modo, tornando-se una com ela. Não é outra coisa o que indica o conceito supremo de *maniera* que, como efetivamente foi assinalado, no caso de Ticiano não significa outra coisa senão o fato de que, "se a Natureza (*Natura*) se transforma em espelho (*specchio*), o pincel de Ticiano se transforma em Natureza" (Boschini, 1684: s/n).

Não se poderia descrever de forma mais sutil e exata como natureza e arte se fundem na *maniera* superior de uma imagem que é uma arqui-realidade capaz de selar a cesura milenar aberta entre o mundo natural e o artifício dos ofícios humanos. Esse ponto deve nos fazer compreender que, muitas vezes quando se arvora o conceito de imitação para a arte renascentista, de modo algum se deve implicar qualquer noção de cópia. Ao contrário, como assinalou um insigne estudioso, a imitação da natureza, para os pintores renascentistas e pós-renascentistas, é sempre transmutação, ou seja, um dispositivo que, filosoficamente, sela o abismo originário entre natureza e arte (Menéndez Pelayo, 1944: 155).

Desse modo, as pinturas de Ticiano não são realistas. Ao contrário, criam a realidade como *maniera*. Só que a maneira de Ticiano consistia, justamente, na transmutação do existente numa imagem que cifrava tudo o que se podia encontrar no Universo de visível ou de invisível, de acessível aos sentidos ou de escondido para os seres falantes. Naquele tempo, os pintores conheciam a arte esotérica da transfiguração imaginal como operador ontológico que não se limitava ao viver-no-mundo mas, muito mais ambiciosamente, visava criar-o-mundo e sua experiência de gozo. Um ato de deificação raiando à heresia, mas que, naquela época, percorria o orbe como uma evidência aceita, embora hoje tenha sido completamente extraviada em inerte museologia.

Não é descabido supor que essa filosofia, hoje completamente incompreensível, tenha afetado o modo como Ticiano atravessou a complicada crônica veneziana de sua época, sempre ameaçada pela peste. De fato, sabemos que Ticiano morreu "havendo peste em Veneza" (Borghini, 1584: 524) quando estava para alcançar cem anos de existência. Sua morte ocorreu ao desencadear-se a epidemia de 1576, quando "a implacável Morte (*l'implacabile Morte*) com doloroso estrago triunfara sobre inúmeros mortais" (Ridolfi, 1648: 191), a ponto de ter impedido e atrasado as exéquias devidas ao pintor. Não é costume novo, como se pode comprovar com cada peste, a barbárie de deixar os mortos insepultos ou sem as devidas exéquias segundo os casos. Porém, apesar da peste, Ticiano não se refugiou da vida. Ao contrário, apostou em sua intensidade até o final.

Não há dúvida de que sua última obra, a *Pietà*, nos coloca no caminho que nos permite entender um pouco melhor por que o velho pintor, ou seja, um integrante do grupo de risco epidêmico, não temia a morte. Um indício nos é dado por seu arquirrealismo filosófico: se a *maniera* do artista transmutava a natureza em artifício, cabe supor que a vida não podia ser meramente corpo biológico; antes, tal conceito compreendia uma inapreensível esfoliação em que, precisamente, a vida era tudo aquilo que transbordava a biologia – sem evidentemente desdenhar o corpo anatômico. Só que não havia corpo que não estivesse, pelo próprio fato de existir-na-maneira, transfigurado, correspondentemente, num hiper-corpo cuja espessura ontológica se tornou hoje completamente intangível.

[II] A última obra de Ticiano, a *Pietà* (Wethey, 1969-1975: cat. nº 86), reveste um caráter duplamente excepcional: por um lado, foi pensada pelo próprio Ticiano como um testamento pictórico e destinada à sua própria sepultura em Santa Maria dei Frari. Por outro, seu falecimento pelos efeitos da epidemia o impediu de terminá-la, tarefa que coube a Palma, o Jovem, ainda que o fundamental da obra já estivesse realizado pelo próprio Ticiano. As homenagens pictóricas a seus predecessores, Giovanni Bellini, Giulio Romano ou Michelangelo são claramente detectáveis e, de certa forma, a obra se transforma também num diagnóstico sobre o ocaso do Alto Renascimento na pintura. Crepúsculo do artista e fim de uma época se combinam numa obra, a uma só vez sombria e esperançosa.

A grande cena da Piedade depois da crucificação do Messias é acompanhada pela presença de Moisés (veja-se a figura 1). Mas também a tradição greco-romana se acha presente: Ticiano recorre à oitava Sibila, a Helespôntica, legendária profetiza da Antiguidade de raízes apolíneas. Lactâncio a menciona em sua lista citando Marco Varrão e recorda que essa Sibila era "nascida em território troiano" (Lactâncio, *Divinae Institutiones*,

I, 6, 12), mais precisamente na aldeia de Marmeso, e gozava do imarcescível prestígio de ter profetizado a Crucificação do Ungido.

Existe no quadro, ao mesmo tempo, uma dupla inscrição do artista, já que, como foi sugerido, o Jerônimo ajoelhado é um autorretrato do pintor. Dessa maneira, Ticiano se situa num momento muito específico da Paixão: quando a Virgem e Maria Madalena cuidam do corpo jacente de Jesus. O próprio Ticiano, no entanto, sob a figura de Jerônimo, observa o Cristo num momento culminante, e de certa forma horripilante, pois o que o pintor pretende observar por si mesmo no quadro é o evento da morte do Messias como tal. Confronta-se, desse modo, não com a vida eterna, mas com a morte sem misericórdia que abate inclusive o próprio Jesus. Não poderia haver maior implacabilidade ao enfrentar a Morte como finitude e ruptura derradeira.

Figura 1. Ticiano. *Pietà*, c. 1575. Galleria dell'Accademia, Veneza.

Se não fosse por dois detalhes presentes no quadro, até se poderia pensar numa exaltação última de uma morte irredenta que Ticiano se atreve a encarar de frente. Contudo, o pelicano que se situa na semicúpula do abside é um claro símbolo que prenuncia a ressurreição por vir. E o mais ousado do quadro está na *tavoletta* que Ticiano insere abaixo da Sibila Helespôntica e que é um autêntico ex-voto (ver figura 2) em que se roga à Virgem com seu Filho jacente a salvação eterna para o próprio Ticiano e para seu filho Orazio (o qual, diga-se de passagem, também foi vítima da mesma epidemia que acabou com a vida de seu pai).

De modo algum se pode discernir no quadro simplesmente um motivo de "resignação diante da morte" (Wethey, 1969-1975: 93). A aposta é muito maior já que na obra tem lugar a *Nachleben* (supervivência) da tradição antiga unida ao judaico-cristianismo. O profetismo celebra suas obscuras bodas com o messianismo da ressurreição, produzindo, desse modo, um vórtice temporal onde todas as épocas se confundem numa *apokatástasis* do tempo messiânico, uma recapitulação de toda a História Universal.

Figura 2. **Ticiano**. Detalhe da *tavoletta* votiva. *Pietà*, c. 1575.

Mas o gesto decisivo do ex-voto transforma completamente o caráter do quadro, pois sua inserção não é meramente simbólica como se costuma apontar ingenuamente. Ao contrário, a presença do ex-voto faz com que não estejamos em presença de uma "imagem iconográfica" e sim, mais radicalmente, de uma imagem teúrgica que produz a presença do divino como écfrase. Na *Pietà*, o mistério do tempo final e da Morte se resolve numa imagem performática em que, por assim dizer, o pintor cria um ex-voto perpétuo destinado a assegurar sua salvação eterna e a de seu filho Orazio. O poder performativo da obra, portanto, a tira da tradição iconográfica para situá-la na taumaturgia das imagens pensadas para atuar sobre o domínio do sobrenatural com a mediação das Figuras antigas e judaico-cristãs que asseguram a grande convergência da História Universal para a salvação do corpo e da alma dos mortais.

Ticiano continua trabalhando em meio à epidemia e não teme morrer simplesmente pelo fato de que entende ainda que a arte é Arte de transmutação e agência sobrenatural. Todo corpo jacente, confrontado com a Morte exterminadora, não é mais que uma ilusão frente ao hiper-corpo da ressurreição em que o artista busca se inscrever mediante um ex-voto. Em outras palavras, a *maniera* é capaz não apenas de somar as potências da natureza como também de se elevar e vencer a Morte enquanto tal. O poder da Arte vai muito além da memória da glória, uma vez que tem em sua potência o produzir ou induzir a própria salvação nos hiper-corpos que se situam além de qualquer determinismo biológico. No fundo, para Ticiano não há corpos: só existe o *plus-de-corpo* que desfaz qualquer quiasmo entre a vida e a morte para adentrar uma sobrevida que anula todas as noções vigentes de vida e dá lugar a uma existência ontologicamente além de todo ser finito e, talvez, vislumbrando um resplendor para além da plenitude mesma do Ser.

De fato, se alguém tivesse perguntado a Ticiano ou a seus contemporâneos o que era a vida do ponto de vista filosófico, nenhum deles teria sequer cogitado em identificá-la com o corpo, vivente ou jacente; ao contrário, é possível que invocasse a noção de *Vita* como Figura que só pode se delinear no conjunto da História Universal, como *Nachleben* de todas as imagens prévias da Humanidade numa síntese que se opera no acontecer singular de cada existência e sua *maniera*. Claro, a Figura só se plasma num corpo que, por isso mesmo, é já *plus-de-corpo* ou corpo figurado, Memória da tradição milenar dos seres vivos. E quem pode traduzir a Figura em imagem é o pintor, assim como o poeta pode transpô-la em palavras e o filósofo em sentido último. Mas, em qualquer caso, a Figura é a cifra ontológica que, na torrente da temporalidade, escapa ao devir desta e se fixa, circunstancial mas definida, na eternidade do momento que é a matéria da biografia impossível de cada vivente. A forma suprema da Figura é, então, o nome secreto da vida.

[III] O que nos restou de tudo isso se comparamos nossa situação atual frente ao Corona e à epidemia global em curso? Ninguém mais acredita no poder das imagens a não ser como fantasia de um alter-ego sócio-telemático. A pandemia ameaça liquidar várias formas da arte e dos saberes sem que seus detentores sequer se deem conta disso. Pior: as vítimas se transformaram nos defensores, tão obstinados quanto ingênuos, de sua própria aniquilação. Faz tempo que a História Universal é mera recordação: o final do ciclo das Revoluções extirpou também qualquer confiança política na História como força supra-acontecimental. Em seu lugar, hoje não há nada mais que sobrevivência biológica a qualquer preço: sem glória, mas também sem memória nem supervivência; os seres falantes temem desesperadamente sucumbir ao anonimato da massificação generalizada.

Gaia, por sua vez, foi novamente ferida, e agora é considerada ominosa, ingovernável, portadora dos males destruidores da Humanidade. E a caixa de Pandora que Ticiano pretendera fechar voltou a ser aberta: hoje se estende novamente um abismo intransponível entre a natureza e o mundo artificial dos seres falantes. Para uma civilização sem memória de sua tradição histórica e cuja tonalidade fundamental é o medo pânico da morte do corpo como entidade biológica, o risco de produzir uma hecatombe não conscientemente buscada se torna cada dia maior. De certa forma, com a filosofia proscrita em nome da medicina como novo saber Absoluto, o final pode estar curiosamente assegurado. A salvação do corpo pode ser a contraface do final da *humanitas* dos seres falantes.

Esse é o preço que a maioria decidiu pagar hoje e o destino que nós, viventes humanos de Gaia, escolhemos abraçar. A vida é hoje tão somente vida biológica uma vez que, com toda evidência, perdeu sua Figura e se divorciou do tempo e de suas supervivências. A desfiguração da vida talvez seja um dos dramas mais cruciantes que definem o perfil deste tempo, o nosso, em que ainda somos incapazes de produzir uma nova *maniera* até agora inédita e peregrinamos, portanto, num deserto inconsolável. Com efeito, de quem nem sequer percebeu a gravidade da hora presente não se pode esperar nada.

EROTOLOGIA: O PROBLEMA DO MAL

[I] Num livro prematuramente relegado ao olvido por ter sido considerado mal sopesado, Jean Baudrillard apresentou uma tese que merece ser apreciada em todas as suas implicações: o Mal existe, em nossa civilização, sob roupagens completamente inesperadas. Mais especificamente, pode-se constatar sua presença graças à "epidemia silenciosa das redes de informação". Os *fake events* seriam o Mal do tempo póstumo: "a virtualidade da guerra não é, portanto, uma metáfora. Constitui a passagem literal da realidade à ficção ou, melhor, a metamorfose imediata do real em ficção. O real não é mais que o horizonte assimptótico do Virtual" (Baudrillard, 2004: 105). Em outras palavras, no mundo contemporâneo, a forma, ao mesmo tempo banal e radical do Mal, se cristaliza na figura do simulacro. No entanto, reduzido nesta tese a um domínio exclusivamente tecnológico, perde-se por completo a inteligibilidade do problema, que deve ser restituído a seu adequado contexto metafísico. Como foi possível que um dos mais nobres conceitos da filosofia, o de simulacro, tenha sido associado à questão do Mal?

[II] No ocaso da Idade Média e no Renascimento, os simulacros encontram seu lugar mais próprio de expressão na poesia filosófica do *dolce stil nuovo* e de seus herdeiros. Não é nosso interesse primordial aqui seguir a letra daquela doutrina, mas sim o espírito de sua letra, pois ela encerra um dos arcanos do problema da virtualidade em seu fundo onto-teo-lógico. Nesse sentido, é possível sustentar que existe uma axiomática do Amor segundo Guido Cavalcanti que poderia ser expressa em três proposições poéticas que se encadeiam entre si:

1. "O pavoroso espírito de amor (*spirito d'amore*) / que costuma aparecer quando alguém morre / e de outro modo jamais se vê". (Cavalcanti, 2011: 17).

2. "[O Amor] provém de uma forma vista que se intelige, / que se arraiga – no intelecto possível (*possibile intelletto*), / como numa substância (*come in subietto*) / e faz ali sua morada". (Cavalcanti, 2011: 21).

3. "[Certos espíritos] deixaram os olhos abandonados / quando passou pela mente um rumor que dizia: "dentro, Belleza (*Biltà*), que morre, mas tem cuidado que Piedade (*Pietà*) não assoma seu olhar". (Cavalcanti, 2011: 9).

Pode-se apreciar então a equivalência que Cavalcanti estabelece e que se expressa igualando o Amor a uma das formas da morte. Mesmo quando o Amor encontra sua morada mais propícia no intelecto agente separado, de cunho averroísta, é precisamente ali onde extingue também sua chama e se evapora. No entanto, talvez a ideia do Amor como morte se expresse com ainda maior pregnância na teoria do *spirito d'amore*, que, como se sabe hoje, possui diversas influências da fisiologia do seu tempo, do averroísmo, do tratado de André le Chapelain, do neoplatonismo árabe, do aristotelismo e da pneumatologia cristã (Klein, 1965: 197-236).

Se Robert Klein pôde falar de uma autêntica "psicomaquia" do amor em Cavalcanti, suas implicações filosóficas ainda permanecem obscuras. De fato, como assinala a axiomática que expusemos, o Amor é, antes de tudo, um fenômeno no qual o sujeito é invadido, por meio do *spirito*, por um Outro que busca encontrar lugar no espaço do ser individual. Certamente, não para produzir, à maneira de Dante, uma união teológica última mediante a transfiguração na eternidade, mas, pelo contrário, ameaçando o sujeito com uma morte sem redenção possível.

[III] Não existe no Amor, portanto, uma teologia política da *unio mystica* de fusão dos sujeitos enamorados e sim um ato de usurpação passional: os *spiritelli* são uma legião voraz que produz um ato de *stasis* súbita entre os corpos, e os simulacros esfumam assim os limites que estabelecem os corpos sexuados e a subjetividade individual. A subjetividade, que não tem outra expressão de sua imaterialidade além da materialidade do corpo, é completamente alienada pela presença dos simulacros do ser amado. A batalha está desde sempre perdida para o enamorado, e o preço de seu amor é a morte ante o Outro.

[IV] De certa forma, essa psicomaquia demonstra que no Amor se estabelece o princípio segundo o qual, precisamente, sua condição de possibilidade é a impossibilidade da relação entre os corpos. O *topos* da relação é substituído por uma disjunção que faz da união dos corpos um ato impossível. Como podemos ler em Marsilio Ficino:

> O amor divide e rasga as entranhas [...] deixa o sujeito despossuído do que lhe pertence e troca sua natureza por outra, troca que não lhe permite repousar em si mesmo, mas que o arrasta sem cessar para aquele que o contaminou (*semper a quo infectus est trahit*) [...] o sangue do homem ferido pelo raio dos olhos (*oculorum radio*) brota naquele que o fere. (Ficino, *In convivium*, VII, 5).

O amor é a expressão da disjunção entre os corpos, e a guerra dos simulacros não é mais que o sinal de um ato de fagocitação em que os contornos do sujeito são borrados para ambos os enamorados: um perde seus simulacros por efração passional, mas o outro também sob os efeitos de uma invasão passional que terminará numa eversão de toda a psique. Daí que o amor seja efêmero e conduza inexoravelmente à morte, ao mesmo tempo que é a única paixão psico-estática que vale a pena ser vivida. O ser-para-a-morte só existe, em sua máxima expressão metafísica, no Amor, e é em sua região ontológica que a disjunção do Ser encontra um dos terrenos mais propícios a sua realização. Portanto, não há dessubjetivação possível sem o dispositivo que esfuma o sujeito do desejo ante a presença do Outro que o determina.

[V] De todo modo, essa é uma forma de ilusão extrema, pois, a bem da verdade, o Outro não existe, uma vez que não é mais que o ponto de convergência de um princípio de individuação em que prima uma multiplicidade extra-subjetiva. Uma exormorfose marca a instabilidade de toda subjetividade, pois o que chamamos um indivíduo não é mais que a convivência, tão instável e efêmera como no Amor, de princípios exteriores ao sujeito: os *daímones* que o presidem, as paixões, as potências vitais, os espectros que propiciam a acossidade não são mais que a expressão de um *Outside* que impossibilita um sujeito cuja identidade não seja o princípio de não identidade substantiva. Nenhum sujeito enamorado, portanto, jamais se enfrenta com um outro, e sim com a subrepção *après coup* do Outro que é a ilusão ante o horror da desmultiplicação de que todo indivíduo é ilustração.

O outro inexistente não é mais que um ponto que nos permite vislumbrar, autenticamente, o abismo do cosmos infestado de entidades numa dimensão convergente a que às vezes chamamos um eu. O Amor é, portanto, a via régia para a acosmologia, e no *ápeiron* que todo sujeito é, pela propriedade transitória da convergência ôntico-ontológica dos entes subsistentes que o determinam, não se vislumbra, no fundo, outra coisa senão o vazio e o sem-sentido. A filosofia do Amor, entretanto, deve aspirar, para além de Cavalcanti, à aparentemente paradoxal tarefa de dizer o sem-sentido. É precisamente então que a ontologia se transforma em parametafísica. Finalmente, o próprio Dante faz com que a poesia seja uma "ilimitação anárquica (*anarchische unüberschaubarkeit*)" (Sjöberg, 2020: 14) que ele entrega como legado ao Ocidente. Pode-se dizer então que a filosofia do amor confronta o ponto em que a *arché* já não origina porque esburaca o Ser diante da ausência de qualquer proposição que fundamente sua linguagem.

[VI] A axiomática do Amor como ser-para-a-morte, produto da absorção metamórfica dos contornos subjetivos interdependentes e esfumados, deve, no entanto, ser medida à luz do postulado da pluralidade dos mundos como única forma de imortalidade admitida pela Disjuntologia. Nesse sentido, a morte a que o sujeito é confrontado por Amor não é uma finitude absoluta e sim relativa, na medida em que o acesso aos fragmentos de pluralidades de mundo do qual a *psyché* é sede e performativo paraontológico é um fracto a que se perde acesso pela deiscência subjetiva. Ou seja, a morte que o Amor torna presente é seu encontro com a Disjunção que dilui toda convergência subjetiva entre princípios de individuação.

Nesse sentido, nada priva a experiência amorosa de intensidade: somente assinala que ela pertence à *inharmonia mundi* da disjunção, e não existe o Uno da relação amorosa consumada *in aeternum*. Contudo, sempre que se perde contacto com um fracto, certos restos, rastros, arqui--marcas permanecem e são a matéria da recordação em cujo imaginário *aprés coup* se pode dar sentido ao sem-sentido originário do Amor. De fato, a poesia de Cavalcanti é a expressão mais sutil desse empreendimento, pois é um exemplo, precisamente, de que "o signo é um espectro de sentido" (Antelo, 2015: 260).

Não obstante, se o sujeito se confronta ao sem-sentido e o transcende, um novo contato passional com outro espaço fractual se torna possível, embora efêmero. Pois bem, viver a disjunção é a experiência do gozo e do sofrimento. A tarefa da filosofia se desenha quando intenta atravessar o sem-sentido para que, no interstício dos fractos, a disjunção possa encontrar seu modo de transmissibilidade que é a pretermissão dentro do *Lógos* pós-locucionário que a parametafísica tenta escutar. Por essas razões, Amor é o nome da experiência mais intensa da paixão do corpo confrontado com a disjunção dos fractos.

[VII] Se, de acordo com nossa hipótese, Amor – e sua correlação inevitável com a morte – assinala a experiência dos fractos como vivência acósmica do sujeito, uma conclusão se impõe: a erotologia é uma ciência esotérica que inicia o sujeito na captação psíquica da disjunção. Seu reverso complementar é a filosofia exotérica que tenta dizer, necessariamente de modo inferior, embora nem por isso inexato, a ilogicidade do Amor. Mas o conhecimento dos sinuosos caminhos formados pela equivalência inexorável entre o Amor e a morte não deve conduzir a sustentar, como faz o mundo dos Póstumos, a morte do Amor. Nesse último caso, o que se verifica então é a ausência absoluta do acesso à fractologia, à disjunção e, portanto, à própria vida e a suas imortalidades. Daí a periculosidade inaudita da aposta dos Póstumos: subtrair o sujeito de qualquer experiência do Amor é condená-lo à finitude absoluta, à extinção como aniquilação no *nihil* sem retorno nem final. Daí que os Póstumos tenham se apropriado do caminho que permite enlaçar o Amor com os fractos, ou seja, os simulacros. A experiência disjuntiva de

Eros é mediada e tornada possível graças aos simulacros. Subtraídos como dispositivos separados do corpo, os Póstumos buscam, por assim dizer, absorver num vórtice telemático todos os simulacros dos distintos planos ontológicos.

A região telemática se torna, desse modo, a prisão dos simulacros que foram arrebatados aos seres vivos de Gaia e, sob a aparência da comunicação, se erigem como o próprio túmulo do acesso ao Ser. Mas a liberação dos simulacros (e até um novo uso telemático destes) só será possível se algum dia os seres falantes puderem recobrar a convicção de que os simulacros, propriedades de seus corpos, são a ferramenta teúrgica com que podem fazer-mundo. Enquanto isso, se o processo de acumulação de simulacros separados continuar nas mãos dos Póstumos, os seres falantes só conhecerão o desespero do deserto pelos séculos vindouros. Esse acontecimento em curso é o Mal que os Póstumos engendraram quando de seu triunfo em escala planetária.

VITA NUOVA

[I] O percurso que quisemos realizar desde o primeiro volume dessa indagação não deixou de estar marcado pelo horizonte da antropotecnia e, mais especificamente, pelo quadrante da zoopolítica como forma originária pela qual a vida entra no domínio da metafísica. Certamente, o destino da zoopolítica de *Homo* foi profundamente alterado com a chegada dos Póstumos e o final da metafísica. Nesse sentido, uma reflexão epocal se impõe ante o contexto presente, no qual o significado da vida enquanto tal foi novamente posto em questão de maneira dramática tanto com a mais alta eficácia tecno-modeladora por parte dos poderes constituídos quanto com uma alta dose de romantismo político por parte da filosofia de nosso tempo. Trata-se de uma meditação na espera, embora com plena consciência do paradoxo, assinalado por Rafael Arce, de que todo aquele que espera des-espera (Arce, 2020: 69) e, portanto, todo aquele que vive já está desfazendo a vida e tornando-a inapreensível.

[II] Nessa ordem de coisas, a incessante busca da forma-de-vida, a vida habitável ou vivível tem, evidentemente, seu mais louvável propósito ao buscar se opor às misérrimas condições de vida infernal que oferece o mundo póstumo. No entanto, todas essas tentativas, por mais necessárias que sejam, estão fadadas ao fracasso. De fato, os filósofos buscaram o segredo do modo de vida desde que existem como tais. A ética não é mais que o eloquente testemunho dessa busca incessante. Contudo, será a partir de Dante que se insistirá sobre o problema de uma "vida nova", que adquirirá, com o passar dos séculos, os mais diversos nomes e se ocultará sob as mais inesperadas máscaras. A "debilitada vida (*debilitata vita*)" que Dante se propõe a recompor em seu *prosímetro* (Dante Alighieri, *Vita Nuova*, XXIII) só é possível com a novidade da transfiguração espiritual de Beatriz através dos ofícios teológico-políticos de Amor após a trágica morte da Dama.

Nos tempos solitários e amargos da segunda metade do século XX, quando os Póstumos tomavam silenciosamente o mundo de assalto com a consciência lúcida de muito poucos acerca dos avatares históricos em curso, Roland Barthes voltava, com uma determinação destinada à errância, ao tema dantesco. Ante a velhice e a ameaça da decrepitude do amor e da criação, Barthes tentou, uma última vez, reivindicar que a *Vita Nuova* ainda podia ser encontrada através de "uma nova prática de escritura" (Barthes, 2003: 29). Por isso, num heroico, embora pírrico, intento de salvar os saberes fenecidos de *Homo,* Barthes se proporá a defender "uma Ruptura, um Começo, uma *Vita Nuova: nascer de novo*" (Barthes, 2003: 284) em consonância com uma reflexão sobre a obra como mediadora da imortalidade.

Nada mais alheio, como pouco depois ficaria comprovado, ao ânimo dos Póstumos, que combatem encarniçadamente o amor e já não creem na Obra, pois seu *motto* é uma versão secularizada do *cupio dissolvi*. Quanto à imortalidade em sua forma clássica, ela já não será a pedra de toque da metafísica do nascimento, mas unicamente da zoopolítica de uma reprodução exclusivamente técnica fora dos ciclos do parentesco como idílio da colonização interplanetária.

[III] Todos os seres são efêmeros, como hóspedes passados e futuros / o ancião partiu, o jovem também partirá. / Esta geração não durará sequer cem anos- / Entendei isso cabalmente de imediato. (Longchenpa, 2007: 52).

[IV] Os fractos mostram que não se deve buscar a forma-de-vida porque, tragicamente, pensamento e vida, vida vivida e vida biológica, jamais coincidem. Essa característica não deve ser adjudicada exclusivamente a uma falha ética, já que, de modo geral, é esta que se apoia numa condição fractual preeminente. Não sendo a vida mais que um epifenômeno dos fractos, é preciso propender para Fora-da-vida (que não é senão seu interior) ou também para o *plus-de-vida* que é a imaterialidade que a sustenta como um *quase-pneuma,* uma psique que não é mais que um modo do corpo vivente. No ser falante, essa psique é a superfície que está entre o corpo e a palavra. Trata-se do incorporal que é condição de possibilidade de todo corpo. Mas Psique é o Invisível que só se deixa ver no caráter efêmero da vida desmultiplicada pelos fractos na pluralidade dos mundos possíveis.

[V] Deve-se admitir que o ponto central foi enunciado por Constantino Kavafis em fevereiro de 1897: "Eu creio que a mais seleta / é aquela vida que não se pode viver" (Kavafis, 1977: 228). Toda a parametafísica da disjunção se concentra nesses versos, pois a vida nunca pode alcançar a si mesma nem fazer coincidir, por um instante, sua forma com seu conteúdo. Daí que o vivente experimente angústia ou desejo. Por essa razão, a forma--de-vida é apenas outro nome da homeostase do Uno, da Mesmidade que coincide consigo mesma em sua própria insolvência substancial.

Ao contrário, aquilo a que se deve aspirar é muito mais ambicioso, e foi também enunciado, num tempo já perdido, por um visionário que continua não tendo sido escutado: "sou inapreensível na imanência. Pois habito do mesmo modo nos mortos e nos seres que ainda não nasceram" (Klee, 1960: 7). Com efeito, nunca pode existir uma forma de vida, uma vez que a vida não tem forma e excede, permanentemente, a si mesma. Carece de contornos espaço-temporais, e a acossidade é o regime de sua existência. Desse modo, todo vivente participa já de sua própria postumidade e se alimenta dos mortos que o habitam tanto quanto prenuncia e testemunha também pelos que ainda não nasceram, mas falam através dele.

A disjuntologia mostra esse caráter profundamente inaferrável da vida, isto é, alheio a todo processo de informação. Nenhuma forma pode ser adjungida a uma vida simplesmente porque a vida, mesmo a mais singular, tem lugar simultaneamente numa pluralidade de fractos dos quais participa de maneira inelutável. Aquilo que da perspectiva da harmonia cósmica pode parecer uma tragédia existencial ou política esconde o potencial de se transformar numa virtude até agora desconhecida uma vez aceitos os postulados do acosmismo da paraontologia do *diá-ón*.

[VI] No primeiro volume deste políptico propusemos uma interpretação do conto de Franz Kafka intitulado "O caçador Graco (*Der Jäger Gracchus*)", conto que, como aponta Wilhelm Emrich (1958: 13-23), trata do tema central de toda a obra kafkiana. Segundo nossa hipótese apresentada então, faz-se necessário recorrer às fontes da cabala luriânica para uma adequada exegese do texto. Do ponto de vista filosófico, aliás, assinalávamos que "O caçador Graco constitui algo como o paradigma da impossibilidade de morrer, uma vez que sua profunda desgraça está dada por ter perdido a capacidade de morte, mas, ao mesmo tempo, por estar retido em um mundo onde a morte ainda é possível. Seu horrível destino consiste em ser um sobrevivente da morte, em ter ido além de suas fronteiras e, por conseguinte, estar condenado a não poder jamais voltar a se unir novamente nem à vida que conhece um final, nem tampouco à desintegração de toda vida que constitui a morte." (Ludueña Romandini, 2012: 173-174)

Certamente, nossa interpretação versava, neste ponto, sobre um desprendimento da teologia política judaico-cristã acerca da sorte do Messias e, portanto, o texto kafkiano se torna tão imisericordioso quanto iluminador para mostrar, em toda sua espessura, a situação política do fim de *Homo*. De fato, o caçador Graco poderia ser assimilado a um espectro dos *homines* extintos após a emergência dos Póstumos.

Nesse contexto, Juan Cruz Aponiuk propôs recentemente uma nova interpretação de cunho agambeniano do conto de Kafka que consideramos compatível com nossa hipótese: "a espectralidade de Graco é [...] direito no estado de exceção, nem fora nem dentro da lei, nem vivo nem morto, nem deste mundo nem do além, navega a barca do rei ferido; sem leme e se deslocando com o vento das regiões da morte" (Aponiuk, 2020: 156).

À luz da parametafísica desenvolvida neste tratado, poderíamos dizer que, do ponto de vista ontológico, a inassimibilidade que o caçador Graco põe em cena constitui, precisamente, um arqui-rastro daquilo que no disverso é impossível reivindicar para o reino do Uno. Esse resto irredento e espectral de *Homo* é a própria marca da disjunção que afeta a entidade objetiva daquilo a que chamamos realidade e que não é outra coisa senão uma expressão da teoria dos fractos.

A disjunção corporificada que o caçador Graco constitui só poderia encontrar uma redenção na impossibilidade da redenção, ou seja, assumindo que, ao representar a disjunção por efeito de um deslocamento histórico-ontológico não desejado no campo do real ante o horror insondável da Primeira Guerra, sua bem-aventurança consistiria em abandonar seu papel como testemunho ontológico-político dessa mesma disjunção. Porém, para que esse efeito se produza, seria necessário que os Novíssimos pudessem rememorar a antiquíssima existência de *Homo* e a crônica vesânica de seu desabamento nos abismos da destruição. Só assim o amálgama heteróclito desse espectro poderia se diluir novamente nas zonas fractuais das quais o caçador Graco é um obstinado exilado político pertencente a um mundo milenarmente extinto.

[VII] A deusa egípcia Hator, que os gregos assimilaram a sua Afrodite, esteve sempre associada a um culto de embriaguez e abundância (Frandsen, 1989: 95-108). Por isso mesmo, embora seus antigos mistérios tenham se tornado completamente opacos para nós em seu sentido último, podemos saber que o hino que diz "vem, a de Ouro, que se alimenta de música porque o pão de seu coração é a dança" (Drioton, 1927: 25-27, texto nº 328) aponta para uma confrontação dos iniciados com a experiência da imortalidade. Certamente, na era dos Póstumos, todo aspecto de uma imortalidade ligada ao mundo Invisível e que não estivesse ancorada nos desígnios zoopolíticos dos trans-humanistas foi abolido. Contudo, é essencial que voltemos a nos medir filosoficamente com aquilo que os antigos mistérios evocavam, pois a disjuntologia se propõe a abordar a imortalidade em novos termos, mas não com menor eficácia sobre a determinação da vida ética dos viventes em Gaia. O mundo por vir necessitará, por conseguinte, de seus novos mistérios e de seus novos iniciados.

RELAÇÃO ULTRA-HISTÓRICA SOBRE OS MOTIVOS E PROPÓSITOS DO INÍCIO DOS CICLOS PANDÊMICOS NA ERA DOS PÓSTUMOS

CAVEAT LECTOR
ANO 4030 SEGUNDO O PROIBIDO E ANTIGO
CALENDÁRIO OUTRORA CHAMADO GREGORIANO

Os fatos que conduziram à primeira Grande Pandemia Global que assolou o orbe terrestre selando a aniquilação do antigo mundo conhecido como humano datam doravante da proto-história dos Póstumos. Apesar da passagem dos séculos, os detalhes da crônica objetiva da origem e desenvolvimento da pandemia constituem ainda hoje uma muralha impenetrável por mais que, de forma unânime, todos os Mestres novíssimos a julguem um dos episódios decisivos na aceleração da Grande Mutação. Os propósitos com que os Póstumos dirigiram o mundo a partir da deflagração da pandemia podem, em compensação, ser objeto da indagação daquilo que o historiador Kurt Breysig chamava de "infra-história". *Ad usum* na antiga filologia humana, o cronista seguiu o método de não indagar os fatos quando estes são obscuros e sim o revés destes, com o fim de obter uma grade de inteligibilidade capaz de evitar as lorotas espalhadas para aumentar deliberadamente a confusão generalizada. Ao contrário, o cronista buscou que os equilíbrios ficassem estabelecidos da maneira mais exata possível ainda que o leitor deva ser indulgente com a fragilidade que implicou para aquele cronista ter que lidar com uma mutação de escala planetária em pleno curso. Não há dúvida, entretanto, de que a cidadela humana se viu abatida, e se houve quem afirmou a necessidade de uma ciência do descontentamento, entendemos que esse tempo de opressão era o indicado para seguir esses passos que, uma vez mais, culminaram num pavoroso equívoco histórico. Quanto à crônica enquanto tal, ela se detém abruptamente na data de fevereiro de 2021. Não se sabe se a obra foi abandonada, se seu autor se perdeu nos emaranhados da história ou se a crônica chegou a nós numa variante incompleta.

C.

ULTRA-FILOSOFIA DA HISTÓRIA

AS CRÔNICAS PANDÊMICAS

[I] Legitimidade teológico-política dos tempos póstumos

30 de março de 2020

Um sinal incontestável do Novo Éon é a constatação evidente de que o Papa da Igreja Católica Romana não crê em Deus. Líder espiritual de uma das mais antigas formas do cristianismo do Ocidente, o Papa, assim como toda a hierarquia da Igreja (com exceção, é claro, de certas ordens, especialmente femininas), decidiu declinar de qualquer ação que, no passado, teria sido um dever de fé: o cuidado dos doentes, a exposição aos perigos da ajuda ao próximo confiando-se a Deus, a assistência aos prelados, o consolo pessoal dos fiéis. Certamente, essa deserção não encontra sua causa na prostração, no oportunismo político ou na imperícia de uma instituição que, precisamente, havia feito da administração da vida terrena uma missão evangelizadora. Não devemos nos enganar: o Papa e a hierarquia eclesiástica simplesmente temem morrer em consequência da exposição à peste. Quando o Papa teme a morte, a prova de sua investidura messiânica torna-se ilegítima e mostra o ocaso absoluto da *fides*. O Papa, em suma, não crê mais em dogmas como o da ressurreição, já que não se fia neles para a proteção espiritual de sua pastoral nesta vida de ameaça viral. Em um contexto semelhante, o corolário se impõe: se ele não crê nos dogmas, logo não crê em Deus. Não se trata aqui de indagar sobre o foro íntimo do Sumo Pontífice. Pelo contrário, trata-se de considerar sua práxis. Nesse sentido, o Papa atua *como se* não acreditasse em Deus. Isso é suficiente para os propósitos desta argumentação sobre as consequências públicas de sua ação descrente. Sem essa crença, a *Ekklesia* universal é um império em colapso. E isso tem efeitos imediatos sobre os Estados laicos do mundo. A secularização da Modernidade pode muito bem dissimular sua origem teológico-política, mas o colapso da instituição teológica não implicou uma liberação do poder terreno das influências dos dogmas herdados. Pelo contrário, como as instituições governamentais da Terra vincularam seu destino à matriz teológico-política da *Ekklesia* universal, o colapso arrasta consigo todos os poderes constituídos para a esfera do niilismo radical. Ao mesmo tempo, o esgotamento, talvez provisório, da pregnância fundamental do terrorismo deixou a descoberto que "o Estado como tal é uma figura praticamente obsoleta em relação aos valores, funções e missões que lhe atribuiu a Modernidade" (Acerbi, 2019: 207). Assim, o mundo dos Póstumos já pode se desenvolver em escala planetária sem condicionamentos nem censuras. A luta pelo Novo Domínio Universal já começou.

[II] Presciência histórica

A epidemia teve um começo deliberado? Trata-se de um vírus surgido por mutação natural ou fruto do *design* humano? Os protocolos dos laboratórios chineses terão realmente sido violados? E, em caso afirmativo, isso aconteceu voluntária ou involuntariamente? Essas perguntas são da mais alta relevância, mas isso é matéria para a historiografia futura. Houve um exagero quanto à dimensão biomédica do coronavírus? A epidemiologia, neste caso, estaria encobrindo um plano originário, ou talvez a posteriori, de dominação do mundo? Mais uma vez, a epidemiologia e a ciência política serão capazes de responder isso no futuro. Isso se algo como um futuro ainda for possível. Neste momento, devemos nos ater à *facticidade*: a peste está aqui. Partiremos, então, desta premissa como um cuidado metodológico necessário num momento em que, à paleontologia histórica, ainda faltam a distância temporal e os materiais empíricos para operar: por se tratar de um fenômeno em curso, seu arquivo ainda não foi constituído. Com igual prudência metodológica, havemos de suspeitar de todos os discursos dos saberes dominantes acerca da pandemia. Não por considerarmos que a epidemia seja falsa e sim, precisamente, porque é verdadeira. A questão é que, embora seja certo que os poderes podem mentir com o falso, é menos admitido entre os pensadores da estratégia o postulado, mais sutil, de que a mentira se organiza com a verdade. Aplicando um leve *détournement* à fórmula psicanalítica segundo a qual "a fantasia mente com o verdadeiro" (Tarrab, 2017: 55), seguiremos o princípio segundo o qual o Poder mente com o verdadeiro. Só assim poderemos compreender as aporias em jogo na Nova Ordem Mundial que começa.

Contudo, algumas considerações podem ser feitas sobre a predictibilidade da pandemia, pois o surto foi, sem dúvida, o mais anunciado da História Universal. Todos que têm poder no mundo póstumo já sabiam, e não carece fazer referência ao peculiar "Evento 201" de 2019 que, de certa forma, fala por si mesmo e será provavelmente um marco na história da pandemia de Covid-19. A situação já tinha sido pré-anunciada num informe dos líderes da biomedicina securitária global – coincidentemente também redigido em 2019. Ali se estabelece com toda clareza que "patógenos respiratórios de alto impacto (*high-impact respiratory pathogens*), como por exemplo uma cepa especialmente mortífera de influenza (*an especially deadly strain of influenza*), representam riscos globais particulares na era moderna" (GPMB, 2019: 27).

O documento admite sem rodeios que um semelhante surto pode se dever a um vírus artificialmente criado, a um acidente de laboratório ou a um fato natural. Pouco importa esse ponto já que ante uma pandemia dessas "a segurança nacional (*national security*) se desestabilizará e impactará seriamente a economia e o comércio globais". A isso se soma o agravante de que "devido à necessidade de decidir como neutralizar o patógeno, medidas de segurança serão tomadas limitando a informação compartilhada e fomentando as divisões sociais" (GPMB, 2019: 15). Como assinala o próprio documento, esta seria a antessala de uma autêntica catástrofe global. Logo se vê, os autênticos Poderes deste mundo estavam preparados para a Grande Pandemia. Já não se pode dizer o mesmo dos antigos e, em boa medida, ingênuos representantes dos poderes terrenos da Era de *Homo*, ou seja, os governos nacionais e, ainda menos, os habitantes de Gaia, as vítimas propiciatórias de uma emergência sanitária transformada em programa político global.

[III] Estado de natureza

Não é que estejamos vivendo, primariamente, um novo episódio de instauração do estado de exceção como regra ou norma da política (Agamben, 2020). Atravessamos um período de peste. A peste traz consigo o estado de exceção como um elemento inerente. Pela primeira vez na história de

Gaia, a peste é global. Segue-se, então, um estado de exceção planetário. Sua aparição não representa assim uma novidade particular, mas, por outro lado, seu caráter global precisa ser escrupulosamente considerado. O episódio histórico conhecido como a "peste de Atenas", ocorrido por volta de 430 a.C., foi um dos momentos mais mortíferos do ciclo fatal da guerra do Peloponeso. Pode-se inclusive considerar que a posterior chegada do santuário de Asclépio à cidade de Atenas deve ser lida sobre o pano de fundo histórico da memória dilacerante da epidemia (Kirchner, 1977: inscrição 4960a). Devemos a Tucídides o relato histórico mais fecundo das modalidades da peste e de seus efeitos imediatos sobre as formas de vida da cidade de Atenas.

A peste começou na Etiópia e passou por diversas zonas geográficas até entrar em Atenas através do Pireu. A descrição de Tucídides da fenomenologia social da praga segue um padrão que já havia sido estabelecido por Homero na *Ilíada*. Entre os cidadãos, o efeito foi devastador. Havia aqueles que optavam por abandonar seus doentes, enquanto outros morriam contaminados pelas pessoas de que cuidavam. A piedade religiosa foi quebrada porque, "derrotados pela disseminação da doença, cansaram-se de fazer lamentações pelos que morriam" (Tucídides, *Historiae*, II, 51). Em relação direta com este aspecto, as práticas de sepultamento foram completamente subvertidas:

> Muitos se prestaram a enterros indecorosos diante da falta do necessário por conta dos contínuos enterros efetuados anteriormente; alguns colocavam seus mortos nas piras alheias, ateando-lhes fogo antes daqueles que as haviam empilhado, e outros, enquanto ardiam outros cadáveres, jogavam por cima o que levavam e iam embora. (Tucídides, *Historiae*, II, 51, 6).

Esse desmoronamento da unidade religiosa da cidade foi seguido por um inexorável colapso absoluto de todas as formas de legitimidade das instituições divinas e humanas:

> Também nos demais aspectos, a enfermidade foi o início da anomia (*anomías*) para a cidade [...]. Nem o temor dos deuses, nem a lei dos homens (*theôn dè phóbos he anthrópon nómos*) eram obstáculo, por julgarem que dava no mesmo ser respeitoso ou não quando viam que todos pereciam por

> igual, e por crerem que ninguém viveria até o julgamento para pagar por seus delitos, mas que já estava decretado e pairava sobre eles um castigo muito maior, e antes que caísse sobre eles, era natural que desfrutassem um pouco da vida. (Tucídides, *Historiae*, II, 53, 4).

A expressão utilizada por Tucídides não deixa margem a dúvidas: a peste precipita a cidade na anomia radical (incluindo o hedonismo catastrófico). Aliás, é Lucrécio quem fornece a grande paráfrase filosófica do relato histórico de Tucídides quando escreve:

> Pois a religião, então, não tinha nenhum peso, nem o poder dos deuses (*nec iam religio diuom nec numina magni prendebantur enim*); a dor presente era excessiva. Na cidade, não se observava o rito de sepultamento com que aquele povo costumava enterrar seus mortos; todo o povo andava sobressaltado, em grande perturbação (*perturbatus enim totus trepidabat*), e cada um enterrava os seus como podia. A súbita necessidade e a indigência levaram a muitos horrores: alguns colocavam seus parentes em piras levantadas por outros, com grande gritaria, e as acendiam com tochas, travando por vezes lutas sangrentas para não abandonar seus cadáveres. (Lucrécio, *De natura rerum*, VI, 1276–1285).

Nestes versos, que estão entre os mais crus da filosofia antiga, apresenta-se um desafio teórico. Aqui, a cidade não é pensada *tanquam dissoluta*, **mas, pelo contrário, se encontra histórica e efetivamente dizimada.** Em Tucídides e Lucrécio, portanto, não há metalinguagem jurídica que tome a exceção soberana em suas mãos, já que toda soberania – humana e divina – se corrói até desaparecer completamente. Não se trata, portanto, de um estado da lei (como a exceção de sua permanência em suspensão), mas de um estado atual do mundo. Se o evocamos, é porque, evidentemente, ele pode ser comparado à nossa situação atual, exceto, talvez, pelo fato de que em nosso tempo não seria permitida nenhuma indulgência maciça diante do Grande Orgônio do hedonismo catastrófico.

Na peste de Atenas, enquanto episódio central da Guerra do Peloponeso, chega-se a um momento em que toda a estrutura social toca seu grau zero, e o direito, tanto humano quanto divino, cede frente ao desastre natural. À despolitização absoluta do mundo humano se sucede, então, a politização absoluta da natureza, que só fala a linguagem da morte. Nesse sentido, a zoopolítica começa pela ordem da natureza não-humana, primeiro fundamento com o qual deve se medir todo o ordenamento da comunidade. A apropriação do natural ingovernável e potencialmente mortal é o primeiro ato político constitutivo, e o gesto zoopolítico consiste precisamente em construir, na esfera do mundo, um ecossistema habitável para o animal humano.

No entanto, nenhuma comunidade política humana pode se constituir sem estar plenamente consciente de sua relação co-originária com a esfera da *physis*, à qual também pertence inextricavelmente. Portanto, as potências do natural não-humano são uma força política primordial que sobredetermina qualquer decisão do mundo dos homens: se essa dimensão da natureza como agente político da constituição da *societas* humana não é verdadeiramente levada em conta, as aporias do direito não param de se multiplicar sob formas que fazem da ordem jurídica unicamente um ato de decisão humana sustentado pelo puro arbítrio do legislador.

Entretanto, episódios como a peste de Atenas (que, enquanto irrupção do natural devastador, tem a capacidade de se constituir como paradigma para a reflexão teórica) nos lembram precisamente de que não há política para o homem que não se funde na in-decisão inerente ao controle do não-humano natural. Em outras palavras, o decisionismo do direito, mais do que encobrir sua própria anomia normativa, atua como ficção que dissimula a dimensão política do natural, que, *in extremis*, não conhece outro *nómos* senão a morte (ainda que esta possa atuar como condição do vivente, como a biologia não cessa de demonstrar).

A *anomia* da peste (ou, neste caso, de suas consequências) não é, pois, outra coisa senão um retorno ao estágio no qual os homens devem se medir novamente com o espaço da vida e da morte natural, do qual nunca estiveram subtraídos a não ser pelos meios técnicos de um direito que obtura esse confronto originário sob a forma de uma ordem tão necessária quanto surda às circunstâncias que atuam como solo impenetrável de todo o seu arcabouço teórico. Por isso, quando todas as ficções e metáforas do direito caducam, tem lugar o que, dentre os modernos, Hobbes tematizou sob o nome de "estado de natureza". Algo que, longe de ser um "mitologema" como foi por vezes sugerido, constitui uma das intuições mais profundas da filosofia moderna acerca dos alcances da política.

[IV] A epidemia como laboratório de engenharia social

Quando um filósofo recebe demasiada atenção por parte do mundo acadêmico, ocorre, em geral, um processo de canonização laica que acaba por impedir o acesso ao sentido de suas proposições. Este é o caso atual da obra de Michel Foucault. Alguns, não carentes de uma precipitação suspeita, que parece tão somente refletir opiniões precedentes que não se atreviam a formular, acharam oportuno detratá-lo em meio à peste global. Sinal claro do fim irremediável do ideal de Revolução (aliás, já admitido pelo próprio Foucault) que animou, ainda que de maneira intermitente e por vezes frágil e extraviada, o século passado.

Em 1976, Foucault publica seu livro *Vigiar e Punir*. Utilizando-se dos arquivos militares de Vincennes do século XVIII, o filósofo expõe as medidas que deviam ser tomadas na época quando o flagelo da peste assolava uma cidade: confinamento em larga escala, normatização das condutas, vigilância, denúncias, reconfiguração do sentido do normal e do anormal, instauração do exílio-clausura. O "medo da peste", segundo Foucault, permite esta metamorfose social completa. Nada de novo, concluía o filósofo, pois se trata de "todos os mecanismos de poder que, ainda na atualidade, se dispõem em torno ao anormal". Vale a pena citar *in extenso*:

> Em um caso [o da cidade assolada pela peste], uma situação de exceção: contra um mal extraordinário, o poder se eleva; torna-se presente e visível em toda parte; inventa novas engrenagens (*rouages nouveaux*); compartimenta, imobiliza, esquadrinha; constrói por algum tempo aquilo que é a uma só vez a contra-cidade e a sociedade perfeita; impõe um funcionamento ideal, mas que no fim se reduz, como o mal que ele combate, ao dualismo simples vida-morte: o que se move traz a morte, e mata-se o que se move. (Foucault, 1976: 206).

Nada de novo, poderíamos dizer também agora. Mas não seria uma afirmação correta. É verdade: os sonhos da contra-cidade que a peste estimula são buscados com afinco e celebrados em toda parte nos *mass media* e nas redes sociais; os dualismos simples entre a vida e a morte se expressam em outras noções mais adaptadas aos tempos atuais ou às capacidades dos administradores. A escala dos eventos, no entanto, altera substancialmente o propósito. Antes de tudo, porém, impõe-se um esclarecimento: Foucault não nega a realidade biológica da peste, nem contesta a eficácia dos métodos para sua erradicação (seria risível acreditar que esta era sua posição, dada sua notória erudição na história da medicina).

Ele assinala algo diferente, isto é, o preço que toda decisão política implica, dado que a própria vida é uma forma do poder e a vontade de poder não cessa em tempos de peste. Pelo contrário, curar a peste significa assumir as consequências inevitáveis da vontade de poder. A eficiência ganha na luta contra a peste significou, então, que os engenheiros sociais aplicaram sua tecnopolítica para redefinir todo o tecido social: foram lançados, assim, os alicerces da já dissolvida sociedade disciplinar.

Daí que, agora, devamos pagar outro preço, só que muitíssimo mais alto, pois a escala dos acontecimentos nos coloca diante do dilema do inevitável: o combate contra a peste implica que as medidas para seu controle não estão isentas do exercício do poder. E o poder tem predileção pela experimentação social. Na verdade, esta parece ser parte constitutiva de sua natureza. Para vivermos, para nos curarmos, será necessário aceitar o maior experimento da História: a reconfiguração onicompreensiva de todo o fundamento civilizacional do orbe terrestre segundo parâmetros que muito poucos conhecem e, no fundo, ninguém controla. A radiografia deste novo Éon aponta o triunfo dos Póstumos e o fim definitivo da era de *Homo*. A emergência de uma Nova Ordem Mundial é inevitável como preço a se pagar para nos salvarmos da peste. Não é uma alternativa, mas uma conjunção: não se pode pedir uma sem aceitar a outra. O reino dos Póstumos não precisou da peste para se manifestar, pois faz tempo que ele nasceu, inadvertidamente. Entretanto, a peste dará um impulso irrefreável à sua instauração. Nada será o mesmo quando estivermos curados e os mortos incinerados (por outro lado, ninguém sabe, enquanto escrevo estas linhas, de que lado ficará nesse binômio): nossos corpos e nossas sexualidades, os modos de produção e as formas de vida. A tradição política tinha um nome para uma mutação dessa escala que hoje ninguém (ou muito poucos) ousa mencionar: Apocalipse.

[V] Apocalipse: o oráculo do Katéchon

Uma obstinação contemporânea, de raízes iluministas, nos impede de entender que o Apocalipse, além do fim dos tempos, designa um fenômeno teológico-político. No entanto, os apocalipses se sucederam ao longo da história: o fim das civilizações antigas, o advento do cristianismo, as Revoluções modernas que arrasaram com o ecossistema econômico-cultural do mundo medieval. Agora, novamente, temos outro caso. Só que a inicial maiúscula se justifica hoje mais do que nunca: estamos diante do Apocalipse, dado que a tecno-mutação se mede em escala planetária.

Um mal-entendido singular paira sobre o nome Apocalipse, que faz com que a filosofia o trate hoje com desconfiança. De fato, a incompreensão da tradição apocalíptica é outro sinal do declínio da política no mundo contemporâneo. Fato que deve ser lamentado, pois a palavra pertence à gramática política do Ocidente e indica o fim e o início das cesuras civilizacionais. Ela não implica inação; pelo contrário, suas modalidades pertencem ao acervo mais conspícuo da ação: o marxismo, afinal, pode ser visto como uma forma de apocalíptica secularizada.

Como pôde escrever um esclarecido pensador do século XX: "se revolução significa contrapor à totalidade do mundo uma nova totalidade que, sendo igualmente abrangente no que tange aos fundamentos, volta a fundá-lo e o nega, então a apocalíptica é essencialmente revolucionária" (Taubes, 2010: 29). O Apocalipse contemporâneo tampouco constitui uma Restauração conservadora, como apregoam no Jornal certas vozes alarmadas com justiça. Trata-se antes de uma nova Grande Mutação, a maior que a História dos viventes humanos de Gaia conheceu desde os tempos do Paleolítico e que supõe o advento do Reino dos Póstumos, os quais haverão de mudar, para sempre, a face do Orbe. A julgar pelo que vimos até agora, os horrores só começaram. Nas palavras da teologia mística do antigo Ocidente: o *Katéchon* foi finalmente levantado.

[VI] O vírus da Linguagem e a Linguagem como vírus

A epidemia é a modalidade biológica de uma Pandemia da Linguagem. O SARS-CoV-2 tem seu correlato no vírus que afeta a Linguagem e a empurra para o fim da metafísica. É uma afecção recente para os seres falantes: não faz parte da genética histórica da Linguagem, mas é o resultado das escolhas daqueles que decidiram abdicar de (ou provocar, com firme propósito, a perda de) todo e qualquer destino de liberdade para os habitantes de Gaia. Os quase-transcendentais da Modernidade de que falava Foucault, isto é, a Vida, o Trabalho e a Linguagem, são justamente os objetos da Grande Mutação rumo ao Novo Éon. No fundo, a zoopolítica tem um caráter acidental na espessura da transição e no caráter substancial das mudanças: estamos diante da ascensão de Ômega, ou seja, do Anti-número e da digitalização universal como novo Todo. Não se trata, portanto, apenas de uma tanatopolítica; o que se delineia no horizonte é a Anti-vida, algo que está além de qualquer compreensão categorial própria do grande Sistema da Metafísica, cujos fundamentos foram reduzidos a escombros em todos os rincões do planeta com a intenção de que mais nenhum ser falante possa emitir o pronome "eu" como marca de singularidade inassimilável. A Liturgia Algorítmica só admite a inclusão sem resto: a Universalidade será agora o Absoluto antimetafísico, nunca antes alcançado. Ômega é o novo Deus oculto que rege os destinos dos mortais e dos imortais quando todo *Nachleben* do mundo pretérito finalmente foi detido e expulso da roda do Tempo.

[VII] A aporia existencial vida-morte

Os Senhores do mundo, seus porta-vozes, representantes e lacaios dos mais diversos tipos pretendem apresentar uma chantagem sob as vestes de uma causa nobre: quarentena ou morte; o confinamento em vida ou a morte em liberdade. Trata-se, indubitavelmente, do neognosticismo contemporâneo do iatro-poder, para quem os Arcontes deste mundo têm como objetivo a vida presa nos corpos que deve ser salva a todo custo, inclusive ao custo de si mesma. Não há dúvida de que esses instruídos Senhores conhecem a massa que todos conformamos e a consideram permeada pelo discurso hipermoderno. Outrora, talvez a maioria tivesse escolhido a liberdade, ainda que arriscando a própria vida. Entenda-se: a opção é inevitável e essa é a tragédia incontornável de nossa condição. Os Senhores do mundo sabem perfeitamente disso, mas querem manipular a resposta. Declaram fazer o que estão fazendo em função da vida.

Tudo o que empreendem, no entanto, alimenta a dúvida, pois, enquanto salvam vidas hoje (quem poderia julgar mesquinho ou discordar de um propósito tão elevado?), preparam as catástrofes e os sacrifícios de amanhã. Tampouco faltam aqueles que, com o brutal descaramento do poder, propõem utilizar agora mesmo a pandemia como arma de limpeza étnica. O sonho de muitos seria a produção de uma Hecatombe *natural* que isentasse de toda a culpa os criminosos que a desejam para purificar a sociedade dos seres vivos que, conforme anseiam, deveriam ser eliminados.

Na realidade, os Senhores mais espertos não têm outro objetivo senão fazer com que os seres falantes, exaustos, pronunciem, por livre e espontânea pressão, as palavras do desespero final: "Que venham o sono e a morte! Vocês que nada prometem, mas que tudo cumprem" (Kierkegaard, 1901–1906: 52). Por certo, a chantagem não pode ser desativada com a simples opção pela vida em vez da morte. A escolha por uma crítica do par vida-morte é uma tarefa da maior relevância, mas pedante ou inoportuna para aqueles que enfrentam um risco de morte iminente. Nós, seres falantes, teremos que aceitar que ou estabelecemos por nossa própria conta (tanto coletiva quanto individualmente) de que forma queremos viver a tragédia humana da morte (ou da vida), ou outros o farão por nós.

Nos termos de Kant, ou os seres falantes abandonam sua perpétua infância histórica (na qual não se aninha nenhuma inocência original), ou a escravidão em vida os aguarda ao virar da esquina. Acontece que só se abandona a infância como ruptura e tragédia. Má notícia para os sonhos de felicidade dos habitantes do presente milênio. Talvez tenha chegado a hora de a filosofia sair de seu exílio letárgico e voluntário nos *campi* das universidades do mundo e voltar a levantar a voz para recordar, de uma vez, quais são os problemas incontornáveis da existência neste mundo. Sem falsas concessões, sem promessas vãs, sem otimismos insolventes nem pessimismos à disposição dos preguiçosos. Em suma, sem esquecer o compromisso inaugural da filosofia com as formas da verdade, pois a antifilosofia *pode*, mas não *deve*, prevalecer.

[VIII] Burocracia total

Na hora da agonia do mundo antigo, Libânio se perguntava: "poderia um homem caminhar novamente pelos caminhos da vida, depois de ter enterrado amigo após amigo, sabendo que só mantém intactos os bens que possui?" (Libânio, *Orationes*, VII, 10). Nossa pergunta atual é ainda mais premente, já que, depois da pandemia, nem mesmo os bens do mundo (que, de qualquer forma, Libânio já desestimava) se manterão em pé. Nem o Bem, nem os bens, nem a amizade. Será que estamos preparados para viver em um mundo assim? Como Guy Debord escreveu premonitoriamente em 1971, "as *terríveis* decisões do futuro próximo só deixam esta alternativa: ou a democracia total, ou a burocracia total" (Debord, 2004: 92). O desenrolar dos fatos até um momento como o presente, no qual o ideal de Revolução parece inelutavelmente morto e em que não se vislumbra nenhuma outra transformação diferente, mas utópica, do mundo, faz temer que a segunda opção seja a escolhida pelos Póstumos. Alguém se atreverá a desafiá-los? E, se a resposta for afirmativa, existe a menor possibilidade diante deles? Uma nova gigantomaquia da História começou, talvez, agora sim, como última oportunidade. Mesmo que tudo se perca, seria desejável que os filósofos não assumissem um papel vergonhoso na contenda.

[IX] Esclarecimento sobre a fé e a teologia

É bom esclarecer que as declarações aqui feitas sobre a fé das hierarquias eclesiásticas não se estendem à fé dos crentes. A distinção conta. Do mesmo modo, as exortações que existem no texto para um despertar da filosofia também dizem respeito, a título de opinião nesse caso, à teologia, sobre a qual cabe depositar esperanças. A palavra filosofia é usada neste texto como o nome temerário de um conjunto ao qual todo saber pode se somar se estiver de acordo com a premissa de não ceder à proposta de mundo *futuro* propalada pelos Póstumos. A proposta de mundo não é equivalente a opiniões ou recomendações sobre o tratamento da pandemia *atual*. Sobre esta, e sobre como deveria ser tratada, outros pensadores no mundo (é preciso mencionar que também médicos respeitáveis?) já expuseram esclarecidos comentários em um cenário que, como cabalmente se sabe, varia rapidamente nos tempos da hiperciência. Essa distinção também conta.

[X] Os ritos funerários

29 de abril de 2020

Armando Ginés Ludueña, *in memoriam*

Entre 1938 e 1939, Simone Weil compôs um dos textos mais lúcidos que o pensamento do século passado elaborou sobre o poema épico da *Ilíada*. Uma das teses ali estabelecidas consistia em demonstrar como, quando a violência se exerce até suas últimas consequências, um ser humano pode ser transformado numa coisa, ou seja, um cadáver. Contudo, cabe acrescentar aos ditos de Weil que precisamente esse sentimento, intuído pelos gregos, levava-os a praticar os rituais de sepultamento com a mais alta minúcia civilizacional de que eram capazes. É verdade que, em contraposição, os gregos conheciam o infortúnio sinistro dos cadáveres dos *apotetumpanisménoi*, que sofriam a pena jurídica de jazer sem sepultura. Foram precisamente esses cadáveres (*nekroùs*) que causaram horror a Leôncio, o filho de Aglayão, quando os viu em Atenas (Platão, *República*, 439e).

Sobre esse pano de fundo, pode-se compreender que a *Ilíada*, como arquitexto da antropotecnia na Era de *Homo*, tenha consagrado a importância do sepultamento dos cadáveres como uma lei divina e humana inquebrantável para a convivência entre os seres humanos e o sustento do mundo. O episódio mais dilacerante, evidentemente, é o dos funerais que Aquiles autoriza uma vez que entrega o corpo de Heitor morto em combate. Como sua mãe Tétis diz a Aquiles, a recusa do herói grego em entregar o cadáver do troiano à "terra surda desonra (*kophèn gaîan aeikízei*)" (Homero, *Ilíada*, XXIV, 54). Assim persuadido, o próprio Aquiles recomenda ao rei Príamo que não haja "demora no resgate do cadáver (*anáblesis lúsios nekroîo*)" (Homero, *Ilíada*, XXIV, 655) a fim de que as exéquias possam ser levadas a cabo com todos os rigores do ritual divino. Tamanha era a importância desse episódio para os gregos que sabemos pelo menos de uma tragédia perdida de Ésquilo que tinha por título *O resgate de Heitor* (Nauck, 1889: 85, fr. 266), título que seria replicado entre os latinos por Quinto Ênio.

Mas voltemos à pandemia atual. Não é a primeira vez na história que se deixaram mortos sem sepultura. Tampouco, se é que as comparações fazem algum sentido neste terreno, terá sido a exemplificação mais atroz comparada com as conhecidas maquinarias de morte e holocaustos. Contudo, a sinonímia não existe na História e se impõe então uma diferença. O experimento a céu aberto que supõe o sistema da quarentena mundial produz **mortos sem sepultura** em nome de princípios supostamente edificantes. Os ministros dos poderes ocultos dizem atuar em prol da vida: lema insuperável em sua nobreza. Porém, nada mais ambíguo em sua significação do que o conceito de vida. Temos que examinar com todo cuidado o enunciado quando este é proferido pelo Poder e perguntar: de que tipo de vida estão falando? Com que alcances? Com que formas de vivência cotidiana? Com que relações com os fundamentos éticos do bem? E quando surgem essas inquietações, um caminho recomendável para desentranhar o que os novos poderosos do mundo entendem por "vida" é interrogar o que fazem as sociedades modernas com seus mortos.

Em nosso presente, a Covid-19 habilitou a existência de mortos sem sepultura, de cadáveres queimados, de ritos fúnebres ultrajados – em suma, a desintegração, em nome da vida planetária (insisto, que tipo de vida se busca instaurar?), de todo o alicerce civilizacional que, desde o Paleolítico, regeu a relação entre os vivos e os mortos. Os mortos não são apenas transformados em coisas, como assinalava Simone Weil. O que se quer hoje é dar o passo temerário de erradicar a morte com a evacuação dos mortos, com a destruição e o abandono dos cadáveres. Quando se observa com atenção como se tratam os cadáveres de hoje, pode-se antever o destino que espera pelos corpos vivos no mundo de amanhã que os Póstumos propugnam. *Mors ultima linea rerum est*, alguns recordarão. Que ninguém se engane: os Insepultos não descansarão em paz, ainda não disseram sua última palavra e estarão presentes no dia do Juízo.

[XI] Revolução viral

11 de maio de 2020

As diversas fases de saída de uma quarentena convocada a se perpetuar em paradigma da existência social futura vai desvelando algumas concepções que o Poder tem sobre a pandemia de Covid-19: ele não considera que os efeitos de morbidade sejam tão severos assim, nem que o vírus seja particularmente agressivo ou o mais contagioso dos que existem em circulação. Em última instância, o principal argumento é a necessidade de evitar o colapso dos sistemas de saúde. Para além de vagas elucubrações, não se fornecem fundamentos científicos para a quarentena paradigmática; esta se expressa antes como um desejo dos novos Senhores.

O fato é que nesta pandemia surgiu um desafio inédito por sua escala planetária: um microrganismo suspenso entre o biótico e o abiótico, sobre cuja biofisionomia os especialistas não são capazes de se pronunciar com inteira clareza, pois, segundo a paleovirologia, os vírus remontam provavelmente a um ramo desconhecido da árvore da vida (talvez um ancestral comum dos domínios *Archaea*, *Bacteria* e *Eukarya*), pôs um limite, um freio lapidar, à expansão do capitalismo em sua ânsia de tecnificar por completo o ecossistema terrestre. A natureza, nesse sentido, se revelou portadora de ominosos presságios, pois se tornou novamente hostil, impermeável aos desejos bem pensantes dos que pretendiam domá-la. Ao contrário, Gaia mostrou que, com uma mínima proporção de biorrecursos, pode fazer periclitar o sistema mundial em sua totalidade sem se importar com qualquer suposta primazia ontológica do *Homo sapiens* na esfera da vida.

Esta situação não pode senão evocar um dos últimos ápices do mundo de *Homo*, quando Tobler escreveu, sob inspiração de Goethe (Kistler, 1954: 383), um incandescente fragmento, baseado em fontes órficas, que dizia a respeito da natureza: "ela me pôs em vida, da qual também me tirará. A ela me confio, que disponha ela de mim" (Tobler in: Goethe, 1966: 48). Quem dentre os Póstumos ousaria fazer sua semelhante afirmação? Ninguém mais pretende se entregar à natureza – e muito menos esperar que ela disponha dos viventes. Ao contrário, pretende-se fazer frente ao desafio do vírus com a fraseologia política e as ações de uma "guerra" contra a *physis*.

A natureza, entretanto, parece mais do que disposta a responder com artimanhas inesperadas até para os próprios Póstumos. Outrora, Marx falava da "classe revolucionária (*der revolutionärem Klasse*)" (Marx, 1959: 470). Com o passar do tempo, a fadiga dos fracassos sucessivos e os refinamentos conceituais levaram a contemplar um vocabulário mais límpido: cunhou-se a expressão "sujeito revolucionário" e se passou a buscá-lo como o Santo Graal da política. Pois bem, é possível sustentar, com um pouco de ironia histórica, que desta vez o SARS-CoV-2 se transformou no primeiro sujeito revolucionário não humano da história global dos Póstumos. Quando já nenhum ser falante acreditava no ideal da Revolução, um vírus se transformou em sujeito de uma revolução instantânea que paralisou todos os mecanismos da economia mundial, fez colapsar as democracias ocidentais transformando-as em estados de exceção, semeou o fantasma da extinção da espécie e deteve o funcionamento da esfera pública e toda a maquinaria da produção global de mercadorias. Por algumas semanas, os céus das grandes capitais brilharam com menos contaminação, e um ar de alívio percorreu as ruas desertas das cidades abandonadas e recuperadas, como não é de surpreender, por algumas outras espécies animais que retornavam aos lugares de onde tinham sido exiladas.

Quando ninguém acreditava nela, um vírus conseguiu um conato de Revolução nada desprezível. Sua especificidade consistiu, ademais, na dissolução social que levou os agrupamentos políticos planetários a uma espécie de retorno ao estado de natureza sob a forma do *oikos* como prisão (quarentena). Não tanto, então, um estado de natureza como guerra de todos contra todos, mas sim de todos contra o vírus (para efeitos biológicos, um microrganismo contra o qual é necessário produzir uma vacina, mas, para efeitos políticos, um ente em última instância imaginário). Quase sem vida, sem consciência nem vontade, um vírus se transformou no único sujeito revolucionário possível para uma sociedade que não acredita mais nas revoluções.

Esse estado de natureza produziu, consequentemente, a necessidade de um novo Pacto Social Global baseado, como não podia deixar de ser, no medo da perda da vida biológica. Os Póstumos deram sua aquiescência com rapidez e determinação. A estas horas, estão sendo lançados os alicerces da Nova Ordem. Dito de maneira simples: neste contratualismo póstumo não haverá lugar para o que, até a Era precedente, se conhecia sob o nome de liberdade. Ou seja, o novo Pacto eliminou de suas cláusulas a política tal como esta foi entendida até agora.

Pode-se dizer, então, que a resposta dos Senhores do Mundo diante da revolução viral do ecossistema sociopolítico do Capital não foi, a bem dizer, nem uma contrarrevolução nem uma restauração. Ao contrário, aproveitaram a ocasião para realizar algo muito mais ambicioso: uma Instauração. O novo Leviatá nascido do Pacto dos Póstumos não será um Estado, mas uma subversão completa das formas-de-vida e das relações econômicas, políticas, sexuais e vivenciais conhecidas até agora. O acordo está selado e, por enquanto, a guerra civil mundial, que provavelmente não se deterá, será um desafio insuficiente para deter o Universal Póstumo que não encontra mais que uma oposição fragmentária que parece estar destinada a ser assimilada ou aniquilada.

[XII] As estatísticas do Pacto Tanático

É necessária uma reflexão. Tanto os partidários da Nova Ordem Mundial em gestação progressiva quanto aqueles que se opõem a ela de qualquer âmbito do pensamento, têm uma característica em comum: fizeram da estatística a *episteme* suprema de nosso tempo. Instalou-se assim um pseudodebate sobre o número de mortes causadas pela Covid-19: quantos mortos são necessários para considerar o episódio epidemiológico uma pandemia? Quantos mortos justificam a detenção da vida econômico-política e a quarentena planetária? Quantos mortos devem nos escandalizar ou, ao contrário, nos fazer temer? Todas as posições doutrinárias têm suas cifras e sua epistemologia implícita ou explícita, suficiente ou deficitária. É especialmente instrutiva a opinião daqueles que são contra a quarentena planetária. Argumentam, noves fora zero, que os mortos não são suficientes, pois seu número não seria maior do que o dos anos anteriores em condições similares em relação a doenças comparáveis. Um raciocínio estatístico por certo muito convincente. Porém, o problema é a própria estatística a que sucumbiram mesmo os espíritos mais lúcidos.

Para dizer a verdade, nem uma única morte deveria ser tolerada. Em outras palavras, se a filosofia realmente fizesse da utopia seu destino, deveria advogar pela seguinte posição: se o vírus pode produzir a morte dos seres falantes e sua expansão é facilitada, precisamente, pela ordem tecno-econômico-política existente, então essa ordem propícia ao vírus jamais deveria retornar. Chegou a circular uma frase que zombava do discurso dos políticos e gestores da quarentena: "nunca voltaremos à normalidade porque a normalidade é o problema". Se há filósofos que realmente são contra o novo Pacto Social, estes não deveriam argumentar com base na estatística de mortes para diminuir a importância epidemiológica da Covid-19. Ao contrário, deveriam usar a presença do vírus para fortalecer seus argumentos.

É preciso sustentar que nenhuma vida humana é sacrificável. Em poucas palavras: ao Pacto Social Póstumo é preciso opor a utopia de que a vida de um único ser falante posta em risco pela maquinaria do mundo basta para impugnar semelhante contrato e exigir sua abolição em nome de uma vida que supere o niilismo universal reinante.

[XIII] Universidade

18 de maio de 2020

A pandemia transtornou uma instituição que goza de prestígio no mercado mundial dos saberes: a universidade. Certamente, uma profunda reformulação de suas funções (embora não de sua natureza) já estava em curso nas últimas décadas, e a "era da literalidade", diagnosticada por Hernán Borisonik, certamente teve seu papel em dita metamorfose (Borisonik, 2019). A pandemia, porém, precipitou algumas dessas mudanças, eludindo oposições e eventuais rebeldias. Assiste-se a uma celebração, resignada ou fervorosa conforme o caso, da reconversão maciça do ensino em profusão de conteúdos virtuais. A mudança tecnológica assinala uma alteração menos evidente quanto aos novos interesses a que se ajusta a universidade mundial. A universidade como meio de transmissão de saberes técnicos particulares já não está mais a serviço do que foi a burguesia ilustrada em suas diversas acepções; seu novo dono é a elite tecno-poiética planetária desejosa da produção em massa de títulos que habilitem para o mercado do emprego (não do trabalho, entidade já fenecida) em detrimento de qualquer consideração sobre o sentido dos saberes de tal modo produzidos. Ora, acontece que precisamente o conflito pelo sentido dos saberes universitários foi um dos pilares da aliança, transitória, entre o Humanismo e a universidade. Pode-se assim dar por terminada a Grande Aliança entre *Homo* e o saber universitário e decretar o final do humanismo acadêmico.

É possível postular que a universidade humanista se assentou sobre uma triplicidade:

a) o *actus docendi* (ato de instrução)
b) o *status magisterii* (estatuto do professor)
c) o *locus docendi* (lugar de instrução)

O *actus docendi* devia se produzir como instrução de um saber que, detido pelo *status magisterii* do professor, não podia ser enunciado duas vezes do mesmo modo diante dos mesmos estudantes (correlato intrínseco do professor). De certa forma, cada ato de instrução era um *unicum*: a aula magna como ato irrepetível e ritual de celebração do saber consagrado constituiu seu ápice. Certamente, o *locus docendi* da aula material determinava a necessidade, ao mesmo tempo, do agrupamento dos corpos e da ocupação de um espaço físico de transmissão do saber imaterial. Não havia, então, universidade sem elevação do saber como inspiração não homologável, sem um professor entendido como a autoridade de um saber não substituível pelo de outro colega e sem a presença do corpo no espaço como garantia da transmissibilidade dos saberes mediante a linguagem viva.

Se estas eram as pautas implícitas da universidade humanista, o fim da Grande Aliança supõe sua alteração. É possível constatar ponto por ponto a derrocada da triplicidade humanista e a substituição desta por sua contrapartida póstuma. O lugar do *actus docendi* não é mais a forma-aula e sim o tutorial de conteúdos homologáveis. Logo, torna-se desnecessário o *status magisterii*, pois os professores são substituíveis por dadores de aula (por enquanto vivos, mas não é inconcebível que, como já assinalou Rodrigo Ottonello, estes possam ser cibernetizados num futuro próximo). Os estudantes, por sua vez, transformam-se em consumidores de tutoriais online numa temporalidade educativa não definida pelos rituais institucionais da presença. Finalmente, o peso do corpo no espaço material como agrupamento sociopolítico perde sua gravidade e se torna obsoleto. A desagregação do espaço funda um novo laço: virtual mas distante, isto é, agregação sem coesão ou, em outras palavras, conexão sem comunidade. Podemos fornecer um exemplo que não se quer uma *boutade*, mas uma ilustração das consequências precedentes. Nos últimos tempos, foram feitos grandes esforços para a edição dos cursos de diferentes filósofos do século XX. Fiquemos com o caso dos cursos de Michel Foucault no *Collège de France*. Vale recordar que Foucault não desejava, segundo seu testamento, essa publicação (embora, naturalmente, tenham surgido testemunhos que pretendem matizar as vontades para legitimar a prática). Seja como for, os cursos foram publicados em sua totalidade. Mais ainda, é razoável sustentar que quem os ler junto com os eruditos aparatos críticos de que foram enriquecidos poderia, com toda justiça, afirmar que seu saber aprendido é superior ao de qualquer assistente presencial a esses cursos agora editados. Se isso estiver certo, por que não admitir então que alguém preste um exame sobre esses conteúdos e seja aprovado nos cursos ministrados pelo próprio Foucault? Talvez o futuro próximo outorgue uma anuência a dita possibilidade ao transformar esses cursos em tutoriais *post-mortem* ou *avant la lettre* (como quiserem). Se até agora semelhante cenário parecia impensável é porque se assumia que todo curso devia se dar numa dupla presença: a do corpo vivo do professor e a do corpo vivo do aluno no espaço físico da aula material. Por essa razão, quem tivesse assistido a esses cursos enquanto Foucault estava vivo estaria em condições de afirmar que foi testemunha de uma experiência intransmissível no texto e que o aprendido não coincidia tanto com o que foi efetivamente enunciado por Foucault (consignado hoje nos textos impressos) e sim com a captação imaterial do não dito entre os corpos. Em outras palavras, a experiência inefável do ato de enunciação como instrução e transmissão corporal de um saber incorpóreo e irredutível à letra.

Os Poderes querem decretar essa experiência obsoleta, incongruente e falsa. Propõe-se sua imediata substituição pela cibertecnificação da instrução. Nesse contexto, cabe a seguinte pergunta: o que é uma universidade virtual sob o estado da pandemia? Uma tentativa de resposta deveria começar por admitir que, no contexto atual, fica patente que a universidade, até agora, era uma ficção jurídica com um correlato indispensável no agrupamento material dos corpos. Entretanto, no presente, com os prédios vazios e com dadores de aula e consumidores exilados no espaço do *oikos*, o que resta da universidade? A conclusão se impõe: a universidade se reduz a um puro ato de conectividade cibernética na reclusão do *oikos*. Ato que se distingue de outras conectividades via internet não tanto pela natureza das informações transmitidas quanto pela consagração jurídica de certos tutoriais específicos como parte de um programa sancionado legalmente como portador de um título válido para o exercício profissional. A pandemia fez com que a universidade pudesse funcionar sem professores, sem estudantes, sem espaço físico. Ela pôde se refugiar em seu aspecto mínimo trocando definitivamente sua natureza humanística pela disponibilização de informação nas plataformas (sequer próprias da universidade) que os estatutos universitários reconhecem como seu legado comunicacional legítimo.

Não se trata tanto, como se poderia crer, de uma indistinção entre a esfera pública e a privada. De fato, o colapso das cidades tematizado por Emanuele Coccia não deveria nos fazer pensar no ocaso do emprego laboral, pois o *homeworking* implica uma atividade ainda muito maior e totalizadora (sem amparo jurídico nenhum ou com legalidades precárias e débeis) que o antigo trabalho presencial. O que ocorre é um paradoxo lógico: o *oikos* é público na medida em que é exercido de maneira privada e é privado na medida em que é publicamente colocado à disposição nas gravações dos tutoriais consultáveis segundo uma rigorosa seletividade de acesso que é outra das tarefas mínimas que a administração universitária se reserva. Em última análise, com prédios desertos e corpos ausentes, só existe universidade nos ordenadores de tutores e consumidores que, privadamente, transformam sua ação em ato público num ecossistema cibernético selecionado pelas universidades como lugares efêmeros de tráfico de informação.

Pouco importa se essa circunstância logo se verá contrabalanceada quando se suspenderem as quarentenas da presente pandemia, pois o esquema ficará estabelecido para as pandemias futuras e, mais fundamentalmente ainda, a experiência virtual se transformará num recurso crescente para toda universidade mundial, inclusive quando se retornar a modos presenciais. Nesse sentido, a metamorfose virtual, sob eventuais modalidades distintas e matizes de presencialidade, seguirá progredindo e se verá estimulada, com toda probabilidade, pelas próprias universidades como modos alternativos de educação.

A universidade, desde seus princípios, não foi outra coisa senão uma máquina de transmissão de informação técnica numa linguagem universalista (outrora o latim, hoje o inglês), salvo, como assinalamos, no período da Grande Aliança, em que as Humanidades pretenderam tomar de assalto o céu do Saber. Há que se constatar que o fracasso definitivo da Aliança desmembrou as Humanidades, mas não afetou a universidade. Esta sempre se caracterizou por ser camaleônica, e sua adaptabilidade não tem limites pois é um meio técnico e, como tal, se adequa às transformações evolutivas dos entornos comunicacionais. Não é descabido pensar que a universidade esteja atuando como o paradigma de toda relação entre os seres falantes do futuro que se aproxima. Talvez não seja inconcebível que, nessa evolução, uma elite futura pretenda instaurar uma remanescente de aulas tradicionais como marca de uma educação de privilégio subtraída às possibilidades das massas. De todo modo, será um problema de competências no mercado, pois a transformação da universidade será medida não apenas por seus elitismos como também por seus caracteres massivos. A instituição universitária pôde servir ao Universal de *Homo* e agora, sem benefício de inventário, decidiu se colocar a serviço do Universal Póstumo. No meio desse processo, a pandemia terá servido para precipitar, mais ou menos dissimuladamente, o ocaso definitivo das Humanidades, propiciando a extinção de professores e estudantes, ou seja, o apagamento dos corpos.

[XIV] Scientia sexualis

O discurso sobre a pandemia de Covid-19 se transformou nos últimos dias: propugna-se agora a instalação da quarentena como paradigma de toda relação social futura e se deixou para trás o fingido otimismo inicial. A própria caracterização do vírus sofre variações dia a dia, demonstrando que a ignorância pode se fazer passar por investigação científica. Os Senhores do mundo vacilam entre o ceticismo e a ameaça de instauração de um novo *status quo* planetário. A lacerante objetividade do SARS-CoV-2 não impede que ele seja utilizado com fins antropotecnológicos sem precedentes por parte dos Póstumos. A sexualidade, logo se vê, é um território de especial interesse para os Senhores do mundo. Basta recordar (e é necessário fazê-lo para evitar outro esquecimento programado) o que ocorreu e ocorre com o HIV. A pandemia de Covid-19 está afetando todos os aspectos da vida dos seres falantes, e a sexualidade, longe de ser um campo aleatório, pode ser um campo decisivo.

A sexualidade sempre foi o objeto dos sonhos de *Homo* na desarticulação de todas as grandes *contraintes* impostas pela *physis*. Alguns grandes marcos merecem ser evocados, sem pretensão de exaustividade: dissociação do matrimônio e do ato sexual, dissociação da reprodutividade e do prazer, dissociação da reprodutividade e da sexualidade. Todos esses atos, de imenso alcance histórico, foram anelos de emancipação para *Homo*. Já os Póstumos não parecem muito inclinados à liberdade, mas, em contrapartida, são muito mais ferozes nas dissociações e as levam adiante numa direção que exigirá uma séria meditação futura sobre sua dependência genealógica em relação às transformações da extinta Era de *Homo*. Seja como for, a pandemia propicia agora a dissociação da sexualidade como cópula em sentido estrito, ou seja, como contato tato-fantasmal com outro corpo. Fica claro assim o sonho dos Póstumos: dissociar os corpos entre si. Na sexualidade se trava uma das batalhas finais da civilização, pois se ela se tornar anacontática (sem com-tato, sem com-outro-corpo) já não haverá *socius* que não seja virtual. Só que sem agrupamentos materiais não há política, e sem sexualidade conjuntiva no imaginário não há propriamente constituição dos corpos. Nada há aí de surpreendente, embora o resultado disso talvez seja digno de estupor: os Póstumos sempre deixaram claro que não pretendiam ao atributo corporal. Trans-humanismo é o nome da seita dos Póstumos que advoga por essa distopia cada dia mais próxima.

[XV] Acerca da disputa entre o poder temporal e o poder espiritual

Propõe-se ou inclusive já se realizou, em distintas partes do mundo, a reabertura dos "templos e lugares de culto". Limitaremos nossas considerações à Igreja católica, pois, como exemplo, bastará para assinalar um ponto que estimamos ineludível e que, curiosamente, parece passar inadvertido para a hierarquia eclesiástica (mas não para todos os fiéis). O Ocidente se caracteriza há séculos pela divisão do Poder nos polos espiritual e temporal. Mesmo as Revoluções que fizeram triunfar os Estados laicos não aniquilaram esse poder espiritual. Em nome dessa prevalência, aliás, a Igreja decidiu intervir, em escala global, manifestando-se contra o casamento homossexual ou a descriminalização do aborto. Pouco importa se conseguiu ou não impor sua visão, o fato determinante é que, em nome do poder espiritual, ela legitimou sua intervenção no mundo. Contudo, a pandemia de Covid-19 fez com que os templos se fechassem e nenhuma voz de autoridade eclesiástica se ergueu contra essa impugnação da missão espiritual da Igreja. De fato, registra-se uma significativa transformação histórica com os decretos de exceção que justificam os diversos protocolos sanitários no mundo.

Pode-se sustentar que as medidas de exceção agora requeridas para adentrar um templo não são distintas daquelas exigidas para entrar num supermercado. No entanto, esse fato diz mais sobre a homogeneização sanitária que os poderes buscam (sem distinção entre o sagrado e o profano) que sobre o próprio fato religioso (pelo qual, seja dito de passagem, não parecem demonstrar qualquer piedade). Porém, o caso muda de figura se levamos em consideração um detalhe como a proibição de haver água benta nas fontes. Temos aí uma mutação sem precedentes, que nos mostra, mais uma vez, a entrada numa Nova Ordem Mundial. A *aqua benedicta*, que conta com antecedentes tanto no judaísmo quanto na *aqua lustralis* da Roma antiga, podia se vangloriar de ter uma tradição milenar. Os textos mais antigos do cristianismo são reveladores quando assinalam que a água benta deve servir para "restaurar a saúde, expulsar enfermidades (*nóson apelastikén*), desterrar demônios (*daimónon phygadeutikén*) e dispersar todas as armadilhas por meio de Cristo nossa esperança" (*Constitutiones Apostolorum*, VIII, 29).

Uma ruptura ocorreu no equilíbrio entre os poderes espiritual e temporal. A mesma Igreja, que até antes da pandemia estimava necessário intervir nas legislações concernentes a milhões de pessoas em todo o mundo, agora permitiu que o poder secular, mediante um decreto jurídico, determine o funcionamento de sua doutrina e sua ortopráxis cultual. Pois se a Igreja aceita abrir suas portas sem água benta nas fontes está admitindo a epidemiologia que determinou essa proibição. Para aqueles que proibiram a água benta, esta não é portadora de nenhum poder sacro, mas, ao contrário, trata-se de água comum no melhor dos casos ou inclusive de água potencialmente contaminante (quase uma inversão de água benta em água maldita). Que a Igreja dê sua anuência, sem a menor discussão, a essa caracterização epidemiológica de seus templos implica que aceita que a natureza de seu poder sacro seja agora determinada, legislativamente, pelo poder terreno. Uma metamorfose nunca antes registrada que nos faz entrar com tudo na Era dos Póstumos, em que todo poder sacramental tradicional declina de suas pretensões dogmático-teológicas diante dos novos Senhores do Mundo.

Não creio que devamos reconhecer no caso analisado um exemplo da tese, aliás interessante, de Giorgio Agamben, segundo a qual a Ciência é a nova religião de nosso tempo. Trata-se, em boa medida, de um fenômeno mais complexo. É claro que não faltam elementos religiosos nas mais diversas doutrinas políticas e científicas dos Póstumos. Contudo, o que aqui vemos se assemelha muito mais aos propósitos de um catecismo positivista que, finalmente, triunfa em sua versão póstuma. Ou seja, a Física Social de Auguste Comte tem aqui seu peso. Basta recordar o que dizia este: "considerada mentalmente, a missa católica oferece, decerto, um aspecto muito pouco satisfatório, já que a razão humana não poderia ver nela, a bem da verdade, mais que uma espécie de operação mágica, terminada pela realização de uma pura evocação (Comte, 2012: 645).

O positivismo epidemiológico põe de lado o poder sacro para declará-lo, implicitamente, uma simples operação mágica sem efeito algum (pois é evidente que não crê na virtude curativa da água benta). O positivismo póstumo não é uma forma da ciência como religião e sim um vórtice que absorve, de maneira totalizadora, cada um dos poderes existentes: religião, ciência, política, saberes humanísticos de todo tipo... para integrá-los numa matriz que se pretende apaziguadora de todas as contradições e árbitro inquestionável de um objetivo supremo: o delineamento da Física Social que regerá a fabricação de um novo mundo onde conceitos tais como religião perderão seu sentido até agora conhecido para inaugurar um novo ciclo histórico. O Sistema do Mundo que se aproxima está nos ensinando pouco a pouco, dia após dia, o vocabulário de sua peculiar gramática do Poder. Assim, devemos levar a sério as declarações dos administradores do mundo: nada, depois da quarentena (ou da pandemia) voltará a ser o mesmo.

Nota: esta modesta observação filosófica, que não tem, como se terá notado, nenhuma intenção de polêmica antirreligiosa, deveria motivar o ânimo dos teólogos das mais diversas confissões em toda sua pluralidade a se pronunciarem sobre o que está ocorrendo no mundo sem apelar a eufemismos caso estimem que ainda lhes compete o destino da sacralidade ocidental.

[XVI] Ponto de fuga: o nómos cosmológico e o destino póstumo de Gaia

28 de maio de 2020

A pandemia em curso não pode ser considerada unicamente em sua conjuntura atual, já que hoje se tornou evidente que *Homo* é uma figura histórica altricial. A Covid-19 deve ser entendida, se quisermos obter uma sensata perspectiva de conjunto, numa *longue durée* abarcando uma temporalidade que venha do passado e se projete no futuro. É preciso construir uma inteligibilidade, por precária que seja, do grande processo em andamento. O gesto se torna tanto mais necessário uma vez que a Opinião admite agora, de forma bastante aberta nos mais diversos meios internacionais, que os especialistas e os governos do mundo estavam perfeitamente a par da chegada certa, mais cedo ou mais tarde, de uma pandemia global (e de outras catástrofes que já estão na agenda do previsível no futuro próximo). Discute-se com fervor se a falta de ação preventiva foi voluntária ou, simplesmente, uma questão de ineficiência. Acreditamos que nem seja necessário intervir nessa discussão caso conservemos uma mínima lembrança (vivida ou aprendida) da história política da Era de *Homo*, dos modos de ação dos poderes daquele velho mundo e dos modos deste novo.

Descrevemos como paradigma o modo como as universidades se precipitaram com ardor às novas tecnologias de ensino remoto. Agora, terão os professores se perguntado sobre as consequências que esse movimento terá para a forma-universidade? Tornou-se tecnicamente possível que um eminente professor de ciências exatas morador de Taiwan e que por qualquer razão não deseje ou não possa viajar até um campus da *Ivy League* ministre seu seminário virtualmente sem sair do lugar. Do mesmo modo, teoricamente, seus alunos poderiam estar individualmente localizados em diferentes países do mundo ao mesmo tempo. Dessa forma, cada um em seu respectivo refúgio de um hipotético *oikos* inteligente, todos poderiam assistir a uma Universidade que se transformaria numa mera gestora ou numa espécie de alfândega do acesso ao *streaming* do seminário (o qual, além disso, poderia ficar gravado como tutorial para futuros alunos que pagassem uma alíquota, talvez menor, para ter acesso a esse conteúdo).

O caso pode parecer extremo no momento presente, mas, pelo contrário, é bastante plausível para um futuro bem próximo. Por que uma Universidade de elite deveria renunciar a ter à sua disposição todos os docentes do mundo que deseje e todos os seletos alunos que recrute ao redor do globo sem que, paradoxalmente, qualquer dos envolvidos tenha que sair de sua casa?

As condições técnicas estão dadas e, portanto, convém dar por certo que isso acontecerá caso não haja uma ação no sentido contrário – ação que não se vislumbra seriamente no horizonte. Exceto nos casos que podem exigir alguma mistura com a prática, como a experimentação em laboratórios, as instalações universitárias poderiam ser abandonadas e reduzidas ao mínimo de suas necessidades de administração telemática de títulos habilitadores legitimados jurídico-economicamente para uma elite global. Podem ser previstas então incomensuráveis desregulações jurídico-pedagógicas e reorientações de investimento no setor educativo para o futuro próximo.

O mundo do trabalho seguirá, em todos os ramos em que isso for possível, o mesmo caminho. Inclusive as próprias indústrias do Silicon Valley poderiam abandonar os colossais prédios construídos para o trabalho de seus empregados. Podemos perfeitamente imaginar um futuro no qual o hoje impressionante Apple Park se transforme num parque temático ou num elefante branco abandonado digno do filme *Homo Sapiens* de Nikolaus Geyrhalter. Paradoxalmente, o Silicon Valley poderia se transformar, do ponto de vista arquitetônico, numa das necrópoles dos últimos sonhos humanos vinculados à arquitetura do trabalho. Uma nova antologia da ubiquidade avança, imparável. As ubicações dos indivíduos isolados (ou aglomerados, segundo a sorte que lhes caiba) no mundo impropriamente denominado físico serão só um correlato insubstancial de sua verdadeira localização, pois os lugares com força de lei para serem determinados como juridicamente válidos (universidades, empresas, sedes governamentais) serão os virtuais. Um lugar virtual será a convergência programada de endereços IP num ponto do ciberespaço determinado para os efeitos de uma ação preestabelecida. O mesmo acontecerá a todo o leque da experiência humana: sexualidade, amizade e relações sociais de diferentes tipos. Para essa Grande Mutação, os Póstumos vêm contribuindo, de maneira silenciosa e progressiva, há mais de um século. Seu momento de êxito chegou e desponta a aurora de sua Era.

Essa acumulação originária de capital digital não pode ser obtida sem operações programadas de reclusão coletiva. Aparentemente, ninguém teve que planejá-las com aleivosia, bastou permitir que ocorressem. A natureza, movida simplesmente por sua própria dinâmica, tornou-se hostil aos seres falantes. O apagamento dos ecótonos em prol da expansão multipolar de mercadorias planetárias engendra suas próprias respostas virais que hoje atravessamos. Seria estúpido duvidar da objetividade (ou seriedade) do SARS-CoV-2 como alguns eminentes filósofos tentaram fazer. Pois ainda que este vírus em particular não seja (e sem dúvida não é) uma ameaça para a sobrevivência da vida terrestre *in toto*, o certo é que se trata apenas da primeira onda de muitas pandemias por vir no futuro imediato.

No podcast de Joe Rogan, Elon Musk, o tecno-empreendedor que mais enriqueceu no mundo em 2020, afirmou que "frente ao sistema que estava moribundo", o coronavírus trouxe consideráveis benefícios higiênicos não apenas sanitários como também na eliminação de burocracias governamentais. Esses acontecimentos representam um grande ganho, sobretudo se levamos em conta que, segundo Musk, "é provável uma [próxima] pandemia com altas taxas de mortalidade entre as pessoas jovens". Como adverte Musk, "é só uma questão de tempo para que tenhamos uma pandemia desse tipo" como, por exemplo, nos informa ele (ou nos adianta), de ebola (ainda que, é claro, Musk lamente que tamanha desgraça vá ocorrer e, de alguma maneira já nos antecipe suas condolências).

Por sua vez, Edward Snowden, em sua entrevista com Shane Smith em *Vice*, pôde antecipar uma série de ondas progressivas, sucessivas e contínuas de coronavírus e de outros tipos de vírus mortais que, a partir de agora, serão a base objetiva sobre a qual se procederá à completa transformação do mundo conhecido. Repetimos: quando os governos insistem em que nada será igual depois desta pandemia, não se trata de uma brincadeira ou de um diagnóstico leviano e sim de uma predição que deve ser tomada ao pé da letra. De qualquer jeito, não concordamos com Snowden ao concluir que essa distopia pretende unicamente um estado de exceção global ou a hiperdigitalização do real como objetivo último dos Senhores do Mundo (que, com suas guerras civis atuais, também disputam sua própria primazia como agregados de poder).

Pelo contrário, um dos objetivos mais acalentados pelos Senhores do Mundo é o desenvolvimento inevitável da *Artificial Intelligence* como meio de "abandonar o habitat ecossistêmico terrestre" por parte de uma elite que deixará atrás de si uma "população excedente em perpétuo abandono" (Ludueña Romandini, 2020: 167) Muitos acreditaram então que, quando se falava ali da "cosmopolítica" como novo horizonte da reflexão filosófica, tratava-se de uma exacerbação teórica. O mesmo fora dito, é verdade, quando se postulou a hipótese da extinção há mais de dez anos. Contudo, hoje a distopia ocupa o lugar de destaque no palco. Ocorre então voltarmos sobre nossos passos e nos perguntarmos o que sucederá quando a vida sobre Gaia não tiver lugar senão no seio de um ecossistema devastado, climática e epidemiologicamente descontrolado. O que significa a "digitalização universal", agora em curso forçado de aceleração massiva, senão um ponto de fuga absoluto de qualquer enraizamento no território, no corpo, na vida de carbono?

Quando, fruto das ondas pandêmicas e da devastação do ecossistema de Gaia, a vida de silício se impuser como opção primeira, não restará sequer lembrança do mundo em que estas palavras estão sendo escritas ou, neste momento, lidas por ti, gentil leitor. Teremos nos abismado no Tempo. Nesse sentido, a crise da Covid-19 e sua gestão global abrem as portas de um novo destino histórico que provavelmente conduzirá a um novo *nómos* cósmico que, abandonando nosso lar inicial em Gaia, pretenderá realizar a conquista da superfície extraterrestre numa expansão interestelar das formas de vida que estejam no orbe deste rincão da galáxia. É bom lembrar, nessas horas sombrias, que todo destino histórico pode ser tomado nas mãos de seus atores ou deixado ao arbítrio das forças que o orientam, na aflição, mas com punho de aço, rumo ao horizonte que não cessam de delinear, com insuperável insistência, os Póstumos.

[XVII] Fases de saída ou fases de ingresso?

4 de junho de 2020

A encruzilhada atual é oportuna para um breve, porém revelador, exercício de ultra-história epidemiológico-ética. No dia 6 de outubro de 1348, a Faculdade de Medicina da Universidade de Paris emitiu uma opinião autorizada sobre as causas da peste negra a pedido do rei da França, Filipe VI. A prognose não era muito alentadora, pois estabelecia que "aqueles que adoecerem dela não poderão escapar" (Alberth, 2005: 44). De fato, a grande praga que arrasou, no século XIV, a vasta geografia euroasiática foi incomparavelmente mais mortífera e desoladora que a atual Covid-19, e pode ser considerada também um dos primeiros exemplos de guerra biotecnológica, pois se disseminou na Europa quando os tártaros lançaram com catapultas cadáveres infectados por cima dos muros da cidade de Kaffa. Giovanni Boccaccio, em seu *Decamerão*, fornece um dos testemunhos mais precisos daquela pestilência assim como uma das reflexões mais lúcidas sobre as respostas sociais a uma desgraça bio-nomo-ecossistêmica sem precedentes.

Seu relato se atém à cidade de Florença, que foi uma das mais afetadas por sua taxa de mortalidade. É evidente que Boccaccio, apesar de suas retóricas alusões às causas ultraterrenas da peste, não desconhece que ela é também o efeito de uma combinação de causas em que o comércio internacional (a primeira etapa moderna da atual globalização) não deixa de estar envolvido como medialidade técnica coadjuvante. Nem a quarentena, nem a medicina, nem a religião, nem as medidas políticas tiveram resultados. A devastação foi impiedosa e, evidentemente, o distanciamento social foi a marca suprema de todo processo.

> E isso que não nos detemos demasiado em assinalar que um cidadão não se preocupava com o outro, e que quase nenhum vizinho cuidava de seu vizinho, e que os familiares da mesma linhagem, muito poucas vezes, ou nenhuma, se visitavam – e se o faziam, era mantendo a distância (*di lontano*); tão grande era o espanto que essa grande tribulação (*tribulazione*) pôs nas entranhas dos homens e das mulheres que o irmão abandonava o irmão, o tio o sobrinho e a irmã o irmão, e muitas vezes a mulher o marido; e (o que era mais

grave e quase inacreditável) que o pai e a mãe evitavam visitar
e cuidar de seus filhos como se não fossem seus (Boccaccio,
Decameron, I, 1956: 9).

Sua inigualada acuidade permitiu a Boccaccio compreender imediatamente o drama desatado pelo número inusitado de mortos que levou à prática das enormes fossas comuns onde os cadáveres eram enterrados "apertando-os, assim como as mercadorias (*mercatantie*) são enfiadas no navio" (Boccaccio, *Decameron*, I, 1956: 12). A analogia não é fortuita: no império do comércio internacional global, os cadáveres são um equivalente dessacralizado das coisas e o paradigma de toda "coisa" é determinado pela Coisa do mercado, ou seja, a mercadoria. A mercadoria transportava a peste e os cadáveres daqueles que tinham sido suas vítimas também eram tratados como mercadorias descartáveis, indignas ou impossibilitadas de qualquer rito sacro ou profano.

Nem todos na cidade, contudo, estavam dispostos a ceder ao impulso ou à corrente irrefreável da destruição. Daí que, no relato que Boccaccio põe em cena, dez jovens – sete mulheres e três rapazes – decidem se retirar nas colinas dos arredores de Florença e se instalar por alguns dias num espaço biodiverso com a intenção de levar a cabo uma resposta às tribulações inauditas da peste, pois "com sua juventude não tinham podido nem a perversidade do tempo, nem a perda de amigos ou de parentes, nem o temor" (Boccaccio, *Decameron*, I, 1956: 18). A que se dedicaram então aqueles amigos que as circunstâncias haviam congregado numa espécie de *communauté désoeuvrée*? Sua missão não consistiu em outra atividade senão no resgate de algumas das grandes potências do espírito humano: a Linguagem (através da narração e da poesia), a Arte (com a música, a dança, a pintura) e o Amor (sob a forma do modelo cortês). Diante do ápice da adversidade, estimaram, a Humanidade só podia sobreviver nas formas mais diversas de sua cultura. Não pensavam que o objetivo último de toda ação política contra a peste devesse, unicamente, se concentrar na preservação da vida. Entretanto, não apenas não negavam esse nobre propósito como, mais sabiamente que hoje, desconfiaram da forma urbana para a preservação da vida e apostaram, já então, numa descentralização e numa saída em direção às zonas pouco tocadas pelos burgos.

Contrariamente ao que acontece em nosso tempo, pode-se dizer que aqueles jovens estimaram que a salvação das obras do espírito humano e dos prazeres não apenas não era uma ação supérflua como constituía uma tarefa necessária e urgente para a preservação da vida. A decisão etopoiética que tomaram no auge da desgraça foi apostar numa "estética da existência" ancorada no *buen vivir*. Não cabe dúvida de que tal maneira de agir seria hoje qualificada de irresponsável, atroz e até merecedora da maior reprovação social e passível de criminalização. Quem se atreveria hoje, por exemplo, a entoar o equivalente daquela canção com que Fiammetta desafiava a morte? A letra começava assim:

> S'amor venisse senza gelosia,
> io non so donna nata
> lieta com'io sarei, e qual vuol sia.

> Se amor viesse sem ciúmes, / não sei de mulher alguma / que leda como eu estaria, quem quer que fosse (Boccaccio, *Decameron*, X, 1956: 881).

Ninguém (ou muito poucos) hoje em dia se atreveria a resgatar o Amor como um epicentro gravitacional para a sustentação do ecossistema vivencial dos seres falantes. Ocorre que, entretanto, a Era de *Homo* chegou a seu final e a Covid-19 é a primeira Grande Peste Global da Era dos Póstumos. E, portanto, as novas regras são as dos novos Senhores do Mundo. Dessa maneira, a Linguagem se desagrega em informação digitalizada viral, a arte se reconfigura em *infotainment* e o Amor se esfuma no dilaceramento dos corpos separados na incredulidade absoluta de suas próprias potências.

Sendo assim, talvez convenha esclarecer os equívocos, já que, quando os Póstumos nos indicam que estamos em "fases de saída" da quarentena, na realidade isso quer dizer que estamos ingressando, sem benefício de inventário, num Novo Mundo, o dos Póstumos, cujas regras estão se definindo como contrárias a tudo aquilo que os seres falantes tinham estimado até recentemente como indispensável para a vida. Algumas tentativas de resistência fazem pensar que, afortunadamente, as coisas não serão tão simples para os Póstumos. Por outro lado, é certo que estes deixaram claro, em suas palavras e ações, estarem dispostos a chegar até as últimas consequências para garantir a Grande Mutação. Mas a lição de Boccaccio permanece: a resposta à pandemia, em última instância, não será médica (embora não se possa prescindir da medicina), não será política (embora não se possa prescindir da política), não será econômica (embora não se possa prescindir da economia). O destino da saída da pandemia está em jogo, antes e acima de tudo, no plano da ética no sentido originário de tão alto vocábulo que condensa tudo o que os seres falantes construíram para que a vida seja não apenas preservada, mas possa se erigir em vida digna de ser vivida.

[XVIII] Com-tato

10 de junho de 2020

*Para Emanuele Coccia,
pelos trabalhos e os dias*

Boccaccio teria reconhecido que, num contexto de pandemia, o contato pode ser letal. Mesmo assim apostou, como os florentinos da época da peste negra, numa terapêutica dos sentidos recobrados: a arte, nesse ponto, foi o ápice dos sentidos como tatificação do mundo. Tão intenso foi seu rastro, que o gesto marcou uma semântica histórica: o período foi denominado Renascimento, termo que só pode ser autenticamente compreendido, em seu espírito de fundo, como uma reação à referida praga. Nesse sentido, o mundo de *Homo*, por mais cruel que tenha sido, repousava no conhecimento, naquela época ainda fulgente, do tato como operador antropotecnológico de primeira ordem. Muito diferente é a situação presente, pois, sob o domínio dos Póstumos, quer-se proibir o tato segundo a regra (agora declinada de acordo com a virologia) do tempo indeterminado. Em política, é bom não esquecer, a indeterminação no tempo pode perfeitamente equivaler a um "para sempre" que não ousa dizer seu nome.

O projeto de uma normalidade atátil já foi anunciado como um caminho genericamente desejável para os seres falantes de Gaia. O único possível já que não será opcional e sim obrigatório e redobrado com todo o peso da "força de lei". Quando presumivelmente alguma vacina funcione, mais tarde do que cedo, e a presente pandemia termine, sobrevirão outras ondas pandêmicas. Neste ponto é necessário entender que os Senhores do Mundo falam sério: o que antes podia parecer excepcional se tornará a norma pois, como toda nova ordem, a dos Póstumos reivindicará sua própria normalidade que não pode ser a mesma dos extintos representantes da era de *Homo*. Convém então nos determos um momento nas consequências do novo estado das coisas.

Aristóteles elevou o tato à máxima hierarquia entre os sentidos do animal humano uma vez que, "sem o tato (*haphês*), é impossível ter qualquer outro sentido (*aísthesin*)". Do mesmo modo, todo corpo vivo (*sóma émpsychon*) é capaz de percepção tátil (*haptikón*)" (Aristóteles, *De anima*, III, 13, 435a 14-15). A psique enquanto tal, inseparável do corpo, se torna ela própria afetada pelo contato e inconcebível sem ele. Não deve nos surpreender, tendo em conta a lição aristotélica, o fato de que numa obra imprescindível (embora hoje injustamente esquecida) do século XX se tenha sustentado a tese de que toda a atividade humana do pensar repousa sobre o contato (Friedmann, 1930). Ou seja, toda a gnoseologia, nesse sentido, não passa de uma sub-região própria da háptica. Antes de ser consciente, antes de ser noético, antes de ser neuronal, antes de ser informacional, o pensamento é tátil. A conclusão se impõe: se a própria vida enquanto vida psíquica (animal) exige contato, o mesmo vale para a vida digna de ser vivida que nos possibilitam a ética e a política, a vida erótica que nos torna plausível o amor ou a vida social que nos permite desfrutar a amizade.

O que significa então uma sociedade desprovida de hapticidade? Pode-se afirmar, com propriedade, que um ser falante permanece animal humano se é desprovido de contato? Se o tato, do ângulo específico (e por essa razão não completo) da antropotecnia, é o motor que possibilita a vida psíquica sobre Gaia é lícito perguntar sobre o alcance das medidas que os Senhores do Mundo parecem querer instalar como permanentes. Se o contato social for erradicado de modo duradouro da face da Terra, então teremos que admitir estar em presença já não de um problema epidemiológico, jurídico ou social, mas, ao contrário, assistindo ao experimento de transformação civilizacional em escala global mais radical de toda a história natural de Gaia. Dessa maneira, caso se modifique o contato, se buscará metamorfosear, de modo deliberado, o próprio sistema do pensar humano. A falta de tato da parte dos Poderes na transmissão de suas intenções só pode ser obtemperada pela esperança de que, embora Póstumos, aqueles que pretenderem ainda permanecer dentro da biosfera dos seres falantes exijam para si uma nova háptica política que torne possível retomar o contato.

E se as pandemias que supostamente impedem isso são a razão argumentada pelos Senhores do Mundo para instalar a sociedade desprovida de contato, então será preciso mais uma vez repensar, de cabo a rabo, as bases dos modos de produção que tornaram possíveis as pandemias contemporâneas. Em poucas palavras, será preciso questionar a lógica do mundo dos Senhores em busca de um ecossistema socioeconômico completamente diferente daquele que propugnam os Póstumos em seu afã de aniquilar o contato.

[XIX] Pandemio-filologia

17 de junho de 2020

Os vocábulos com que se designa a praga atual derivam do grego e, o que é relevante, em sua origem estes não têm um significado médico e sim político. Pode-se pensar que o saber antigo medicaliza alguns conceitos políticos ou, com maior probabilidade, que não deixa de ter consciência da espessura política de certos termos médicos. O certo é que, em sua acepção política (e, portanto, pré-médica), "epidemia" designa aquilo que permanece no *demos*, na própria terra, e a "pandemia" se refere ao que afeta ao povo em sua totalidade. Nesse sentido, poderíamos dizer que, junto com a pandemia médica atual, enfrentamos também um vírus semântico que é uma pandemia da Linguagem (o campo semântico em torno da Covid-19 que é replicado em âmbito global). Esse fato nos recorda que não existe ação médica que não implique, sobretudo em certos casos como o que estamos atravessando, também uma decisão política (esta, é claro, costuma estar encoberta pela falsa neutralidade do discurso científico elevado a um novo Absoluto).

Assim, o significado político e o significado médico do termo "pandemia" podem parecer heterossemânticos. Contudo, a presente crise global demonstra precisamente o contrário: que a política atual se resolve, *prima facie*, com argumentações médicas. Em outras palavras, não é que a medicina seja alheia à política, mas, hoje em dia, a única política admissível para os seres falantes é a que ditam os médicos. Não se poderia registrar uma maior alteração de tudo que conhecemos até hoje como esfera pública da política. Com essas novas regras do jogo que, é evidente, não vão se retirar com o final (até agora completamente incerto) da Covid-19, entramos numa Nova Era civilizacional em que todo nosso vocabulário político se tornou completamente obsoleto. Os seres falantes, em sua esmagadora maioria, parecem dispostos a aceitar essa metamorfose sem o menor questionamento.

Os filólogos e os historiadores sabem que toda grande transformação civilizacional é acompanhada por um *Novus Ordo Linguarum*. Já existe, portanto, uma *Lingua Pestilentiae* em constante expansão pelas redes telemáticas do *infotainment*. Vamos nos ocupar apenas de um exemplo. Uma nova expressão irrompeu nas línguas dos poderosos do Ocidente: *new normal* (inglês, especialmente a partir da OMS), *nouvelle normalité* (francês), *neue Normalität* (espaço germanófono), *nueva normalidade* (espanhol), "novo normal", no Brasil. Essas coincidências linguísticas merecem um pouco de análise.

Aqueles inclinados a supor conspirações logo formularão a hipótese da existência de um Protocolo Global (que inclui seus códigos linguísticos) digitado por algum amalgama corporativo. Já os partidários da filologia talvez possam tomar a expressão como um hápax, logo disseminado por imitação seletiva, que deve ser atribuído ao chanceler austríaco Sebastian Kurz em seu discurso de 14 de abril de 2020. Em todo caso, o "novo normal" não se caracteriza tanto por dar lugar à excepcionalidade como regra. Essa interpretação, proposta por filósofos insignes como Giorgio Agamben (de forma parcial), gravitam sobre o substantivo e não há por que desmerecer essa análise. Contudo, acreditamos que o acento deve ser colocado no adjetivo. Enfatiza-se que há algo "novo". O "normal" de que se fala não é a exceção tornada universal e sim a instauração de um mundo inteiramente novo. Assim, não é de estranhar que, para sua implementação, recorra-se não poucas vezes à ilegalidade ou ao caráter inconsulto das decisões tomadas em nome dos cidadãos para privá-los de sua liberdade de maneira indeterminada.

Mas não devemos confundir os meios com os fins. Os meios podem ser de exceção. Resta saber se os fins o serão em igual medida do ponto de vista legal, já que, sem dúvida, haverá de se constituir no futuro um novo marco jurídico que, provavelmente, redefinirá de cabo a rabo a própria noção de liberdade, transformando em algo legítimo aquilo que, em tempos prévios à pandemia, teria sido considerado inaceitável. Um novo *ius publicum* global está sendo elaborado nesse momento. Trata-se, em suma, da normalidade de um mundo inteiramente novo e, como já assinalamos, os políticos devem ser tomados ao pé da letra quando declaram isso abertamente, pois o que está em jogo é a completa rearticulação dos três grandes quase-transcendentais da Idade Moderna: Trabalho, Vida e Linguagem. Que quase ninguém pareça se importar com isso até agora é a prova definitiva do êxito dos Senhores do Mundo.

Nos anos 70 do século passado, Hannah Arendt já apontava que os governos de então tinham destituído a política para entregá-la aos "solucionadores de problemas (*problem solvers*)" cujo objetivo não é guiado tanto pelos fatos quanto pela criação de um "estado mental (*state of mind*)" (Arendt, 1972: 38-39). Pode-se dizer que as coisas se intensificaram desde então. Por um lado, os Estados já não são, em muitos casos, mais que árbitros de políticas decididas em centros de poder mais ou menos opacos que reticulam seus alcances (com objetivos nem sempre convergentes) a nível planetário. Por outro, foi mais do que nunca aprofundada a lógica dos solucionadores de problemas, que, na verdade, não buscam solucionar problema algum e sim criar condições psicopolíticas para transformações em escala global com os mais diversos fins e independentemente dos fatos e suas consequências.

Diante da limitação quase sem precedentes de todas as liberdades civis, se a vacina fosse a única solução (embora ainda incerta em sua real eficácia), sua elaboração deveria receber a máxima atenção e ficar nas mãos das melhores equipes médicas independentes de forma associada e não numa aberta e até preocupante competição internacional de laboratórios privados. Por outro lado, que a vacina seja fornecida gratuitamente (como alguns desejam, sugerem ou propõem com maior ou menor verossimilhança) não a torna isenta de interesses político-farmacêuticos de todo tipo.

Ou seja, sequer se pode afirmar que a bioquímica ou a virologia estejam seriamente sendo postas a serviço dos povos enquanto saberes. É claro, não nos referimos a seus praticantes, mas àqueles que ditam os protocolos aos quais estes devem se adaptar sem benefício de contestação. Sem a medicina será impossível sair da pandemia, mas, sem a política, a medicina corre o risco de se tornar uma ciência sem rumo e, consequentemente, à mercê daqueles que desejarem desviá-la para os mais diversos fins pouco enaltecedores.

Tampouco constitui uma política de biopreservação razoável focalizar unicamente os esforços na erradicação de um vírus sem levar em consideração todo o sistema viral que neste momento afeta o ecossistema terrestre e que, tudo indica, ameaça com futuras ondas de pandemias desse mesmo vírus ou outros piores. Sendo assim, no caso da Covid-19, para muitos Senhores do Mundo a intenção primária não passa tanto por encontrar a cura para a doença quanto por aproveitar a oportunidade de uma irrupção biossistêmica para dar forma a uma nova civilização desde seus alicerces.

Mesmo um mundo sem Covid-19 deixará a marca das transformações perenes operadas em nome do coronavírus. Os seres vivos de Gaia não enfrentam unicamente um problema médico, mas também eminentemente político. É por isso que as ações políticas são necessárias imediatamente. Entenda-se: do mundo de *Homo* já não subsiste nada desde muito antes da Covid-19, salvo alguns restos arqueológicos. Mas esses restos contam, sobretudo se o "novo normal" tem a morfologia do mundo dos Póstumos. De fato, tudo indica que nenhuma das tecnologias de vigilância e remodelação social postas a serviço do tratamento da pandemia cessará com esta.

Ao contrário, tais tecnologias deverão permanecer, como não se cansam de repetir os poderosos, no mundo do futuro. Também é amplamente revelador o fato de que nenhum poderoso tenha pretendido um retorno ao mundo anterior à Covid-19; todos, isso sim, reconhecem o explícito propósito de não retornar àquele mundo e de tomar a pandemia como um ponto histórico de inflexão e não-retorno. Agora, nenhum dos signos provenientes dos Poderes parece ir em direção a um novo mundo mais livre senão que tudo aponta para um mundo mais opressivo. Portanto, se os seres falantes realmente estão a favor da vida como dizem estar, deverão ir além do medo como paixão dominante e se atrever a criar uma cosmovisão completamente distinta de tudo o que se conheceu até hoje na história natural e política de Gaia, uma cosmovisão capaz de resgatar o mundo de sua postumidade.

[XX] Triunfo

24 de junho de 2020

Por precaução, a intenção deste texto foi modesta. O que foi escrito aqui não é mais que uma crônica que busca deixar registro da memória em chave filosófica. Em contrapartida, as devastações de amanhã, outros terão a capacidade de relatá-las com a necessária habilidade. No momento de escrever esta entrada sobre a pandemia, a situação é extremamente variada no planeta estancado e abatido: alguns países ainda estão na quarentena mais restrita, outros já começaram as etapas do inferno social chamado, eufemisticamente, "fases de saída" – que só podem pressagiar sérios problemas.

Alguns poucos países nunca entraram em quarentena absoluta (implementando apenas medidas parciais de distanciamento social) e, finalmente, há países que advertem sobre a possibilidade de voltar a entrar em futuras quarentenas em função das subsequentes ondas virais que se vaticinam. As vacinas, agora, proliferam no mercado mundial, embora sem a celeridade nem a eficácia epistemologicamente esperadas: os especialistas insistem em que não sabem quase nada sobre o vírus, mas o suficiente para terem produzido uma vacina em poucos meses. A inconsistência lógica de sustentar as duas posições ao mesmo tempo não inquieta ninguém, porém, provavelmente, a ciência deste tempo pode suportar essas contradições pois é insensível a toda epistemologia e não parece necessitar desta para funcionar.

O certo é que o essencial já ocorreu. Mesmo que a pandemia de Covid-19 seja derrotada por completo, a onidigitalização do orbe já está em curso onde importa que esteja. Essa crônica é também um epitáfio para o extinto mundo humano. Tomaram-se incontáveis medidas para deter a pandemia denominada Covid-19. A maioria delas permanecerá uma vez que esta pandemia seja superada (se é que efetivamente o será). A vigilância global incrementada, o distanciamento social, a virtualização universal da vida política, amorosa, educacional, sanitária, laboral e social *in toto* chegaram para ficar. Por exemplo, uma prestigiosa instituição de saúde da cidade de Buenos Aires anuncia que "a adaptação à crise, mesmo tendo sido imperativa, foi um catalisador de inovações em nosso processo de atenção". Em outras palavras, a atenção telemática substituirá em todos os casos possíveis a relação médico-paciente conhecida até o presente.

Cabe fazer uma pergunta inocente: o que tornou "imperativa" a adaptação? Certamente não foi o SARS-CoV-2, pois nenhum vírus inventa nomotecnologias que só os seres falantes podem instaurar. A resposta à irrupção do vírus foi obra da cosmovisão própria dos Póstumos. Não cabe a desculpa da extorsão viral para esquivar as responsabilidades dos viventes póstumos. Outra pergunta seguramente ingênua: em que previnem uma pandemia futura a digitalização educativa e laboral, a virtualização da vida social ou a incrementada vigilância global que restringe as figuras outrora conhecidas como liberdades civis dos indivíduos num grau nunca antes alcançado? É óbvio que em nada. Então não será descabido insistir: por que essas mudanças permanecem e permanecerão depois que a pandemia de Covid-19 tiver passado em todas as suas ondas sucessivas?

A resposta é em parte bem conhecida pelos historiadores. Todas as pandemias da história, mas especialmente a da peste negra, serviram para fundar mudanças civilizacionais de larga escala. As pandemias, e os Poderes são os primeiros a admitir isso abertamente, servem para os fisicalismos positivistas. Por isso é que nunca voltaremos ao "ponto zero" anterior à pandemia de Covid-19. Essa possibilidade se perdeu para sempre (e não é que esse mundo tenha sido particularmente feliz ou se deva chorar por ele). De fato, o programa de mutação de nossa civilização é muito anterior a esta pandemia. Só que esta se converteu no mais eficaz acelerador da mudança social concebido pela tecnologia. Os Protocolos já existiam, mas só agora podem ser aplicados "imperativamente", como reconhecem, com fingida candura, os médicos. A nova civilização já está aqui. O triunfo sobre a Covid-19 será também o triunfo dos Póstumos, já que os seres falantes aceitaram, salvo poucas exceções, as regras que estes instituíram para a remodelação do mundo segundo os princípios de sua rigorosa física social.

O orbe terrestre mudará para sempre, não com a finalidade de brindar maior liberdade aos seres falantes e sim com o objetivo de subjugá-los ainda mais em nome da teologia do Algoritmo. Talvez essas linhas sejam encontradas por acaso daqui a algum tempo e sirvam de *memento* de um mundo que terá deixado de ser. Até as comunidades mais bem preparadas cambalearam. Refiro-me, precisamente, àquelas que deviam ter sido capazes de oferecer um refúgio para o mal-estar na cultura. No dia 3 de fevereiro de 1969 deveria ter sido publicado, na rubrica *Libres Opinions* do jornal *Le Monde*, um artigo de Jacques Lacan sobre os acontecimentos de Maio de 68 na França. Intitulado "*D'une reforme dans son trou*", o texto nunca foi publicado.

Segundo sua versão datilografada, dada a conhecer por Patrick Valas, a argumentação se concluía com a seguinte frase lapidar: "o vencedor desconhecido de amanhã comanda desde hoje (*le vainqueur inconnu de demain, c'est dès aujourd'hui qu'il comande*)". Jacques-Alain Miller, com agudo critério, ignoramos se filológico ou hermenêutico, emenda ou corrige: "o senhor de amanhã comanda desde hoje (*le maître de demain, c'est dès aujourd'hui qu'il comande*)". A tese lacaniana figura como exergo de uma importante publicação da *École de la cause freudienne*. Ninguém melhor que os psicanalistas lacanianos para saber que, sempre, toda escrita está destinada ao esquecimento ou à incompreensão.

Talvez por isso a psicanálise de orientação lacaniana reagiu diante da crise pandêmica com um pavoroso silêncio político, embora a pandemia de Covid-19 tenha posto em xeque os próprios princípios da análise como contato mediado pela transferência. Como resposta à Covid-19, o exercício da psicanálise foi interrompido ou transformado durante a quarentena e as fases de saída. Não se pode fingir que o fato não ocorreu, e a falta de resposta foi estrondosa. Isso prova, de triste maneira, que os Póstumos conseguiram colocar à beira do abismo, de um só golpe, tanto os filósofos quanto os antifilósofos. Uma lição para quem subestima as possibilidades da postumidade e a eficácia de suas estratégias. O que acontecerá então com o refúgio ante o mal-estar do "novo normal"? Creio que ninguém poderia ousar hoje uma resposta minimamente verossímil.

[XXI] Arcana Imperii

2 de novembro de 2020

Em consonância com o que já foi dito, os Senhores do Mundo anunciaram novas mutações do coronavírus e uma segunda onda de contágios no continente europeu. Uma das variantes atualmente prevalentes é a mutação conhecida como "20A.EU1" que teria se expandido a partir de um "evento superpropagador ligado a trabalhadores agrícolas do noroeste espanhol". Curiosamente, apesar de os virólogos estimarem (ou esperarem) que as vacinas que se pretende aplicar massivamente nas populações mundiais não perderão sua eficácia diante dessas mutações virais, as reações dos governos vão numa direção diferente. Anuncia-se uma nova onda com efeitos mortíferos indeterminados, mas provavelmente muito superiores à primeira onda e com consequências socioeconômicas ainda mais devastadoras.

Enquanto se insiste em que, de maneira geral, as mutações do coronavírus são normais e esperáveis, tomam-se medidas reforçadas, mas não no aspecto sanitário, em que os protocolos medievais continuam prevalecendo, e sim nos aspectos do manejo que os Póstumos se propõem a realizar dessa segunda onda. Diante do avanço da pandemia, a OMS se surpreende, em seus comunicados, de que a epidemia se politize, como se as medidas recomendadas desde o início pela organização não tivessem estado, precisamente, destinadas à mudança radical da política do orbe terrestre.

De fato, pode-se dizer que a essas alturas os Estados estão reabilitando um dos mais caros *arcana* do Poder, que, na paráfrase ciceriana, vem assim exposto: "têm [os soberanos] o supremo poder militar, a nenhum estão sujeitos; seja sua lei suprema a salvação do povo (*militiae summum ius habento, nemini parento. Ollis salus populi suprema lex esto*)" (Cícero, *De Legibus*, III, 8). Certamente, hoje a salvação do povo adquiriu um sentido biomédico específico, mas o conceito se torna igualmente patente: diante de um problema médico, a resposta dos poderes públicos é cada vez mais militarizada. No Éon Póstumo, o poder é iatro-estateumático, e não é descabido supor que sucessivas ondas pandêmicas (a variedade dos vírus pode ser de ampla gama) assolarão um planeta que será modificado em suas bases político-econômicas a sangue e a fogo. Mais uma vez, as mudanças epocais profundas são precedidas pela anomia desencadeada como uma força destinada a despertar a violência originária que funda toda nova ordem exilando os últimos *nomophylakes* em sua completa perdição.

[XXII] Hecatombe

A BBC informa que, na Dinamarca, cerca de dezessete milhões de bisões foram sacrificados em nome da sobrevivência da espécie humana quando se detectou numa fazenda espécimes com uma mutação do coronavírus que poderia ser imune às vacinas que estão sendo desenvolvidas. Semelhante hecatombe não parece ter merecido maior reflexão e nem sequer uma súplica por parte dos ecologistas e dos teólogos. Como assinalou Germán Prósperi, "o Mundo se volatilizou diante de nossos olhos". A referência vale como fato e como profecia.

[XXIII] Economia política

A digitalização onicompreensiva supõe um novo regime de produção. Fica patente que chegamos ao fim do capitalismo em todas as suas formas conhecidas até recentemente. O assim chamado "acesso" é uma espécie de plus-de-figuração histórica que marca o surgimento do que se pode denominar o "hipercapitalismo do acesso", o qual tem seu correlato na "hiperciência" que o acompanha (embora esta o preceda cronologicamente).

Quanto a isso, vale recordar que Marx outorgava o maior dos segredos da economia política à "objetividade espectral" (*gespenstige Gegenständlichkeit*)" (Marx, 1962: 51) que se escondia nas mercadorias para produzir a teurgia do valor, o qual, desse ponto de vista, não é outra coisa senão uma "objetivação ou materialização do trabalho humano abstrato (*abstrakt menschliche Arbeit in ihm vergegenständlicht oder materialisert ist*)" (Marx, 1962: 52). Ainda assim, o próprio Marx falava das "condições naturais (*Naturverhältnisse*)" (Marx, 1962: 53) que atuam como limitante do fantasma do valor como trabalho.

Vamos nos referir a essa qualidade que atua como um limite externo à espectralidade do valor-trabalho das mercadorias com o nome de escassez, a qual, por sua vez, deve ser distinguida da antiga carestia mercantilista. Escassez de recursos naturais, por exemplo, que determina o valor de bens exóticos como o diamante, cujas jazidas podem ser parcas. Contudo, existem outras limitantes que, como o espaço, podem ser decisivas nos mais diversos âmbitos, especialmente os marcados pelos valores culturais. Vejamos o caso das universidades de elite ou dos teatros mais prestigiosos.

Se estas instituições obtêm grandes lucros em honorários ou venda de ingressos isso não se deve, unicamente, à qualidade do ensino ou dos espetáculos (o que Marx chamaria de valor espectral do trabalho), mas ao fato de que o exclusivo tem lugar num espaço objetivamente reduzido. A Universidade tem um número limitado de vagas disponíveis assim como o teatro um número de assentos.

Até hoje, o capitalismo funcionou acompanhado de um discurso elitista que bem podia se acomodar ao antigo *Geist* democrático mais ou menos nebuloso que presidia as sociedades burguesas. Em última análise, era possível sustentar o discurso elitista numa sociedade politicamente correta e totalizadora porque o "mérito" vinha acompanhado do número limitado de lugares físicos. Poucos estudantes podiam entrar numa universidade de elite porque, espacialmente, havia poucos lugares para acolhê-los. Neste caso, o espaço material sobredetermina o encobrimento ideológico da exclusão meritocrática. *Mutatis mutandis*, a exclusividade de acesso a um teatro segundo o preço dos ingressos segue o mesmo padrão: o número limitado dos assentos que justifica a seleção econômica dos espectadores.

Agora, como os Póstumos vão sustentar semelhante discurso diante da telematização universal do *streaming* que faz com que o espaço finito não tenha nenhuma importância? Poderão as sociedades tolerar a vetusta moral capitalista baseada na escassez e no espaço finito quando, tecnicamente, ninguém deveria ficar de fora da "conectividade universal"? Obviamente, a conectividade elitista já vem sendo preparada há anos: daí a importância da batalha que se travou e se perdeu em prol de uma internet livre de restrições dessa natureza. Talvez também os futuros espaços físicos de biossegurança sejam um sucedâneo do elitismo, embora, neste caso, seja a medicina que ocupará o lugar de fiador ideológico em vez dos antigos saberes humanísticos.

Aqui teve lugar, certamente, um novo capítulo da batalha entre a limitação e a ilimitação. A limitação, apesar de tudo, também era um traço do capitalismo do contínuo. Em contrapartida, o novo regime de produção através do acesso é claramente ilimitado, e a digitalização aspira, pela primeira vez, a um Universal absoluto. Não parece possível que nenhuma instituição cultural precedente possa resistir a semelhante embate sem uma modificação tão radical de suas premissas pré-pandêmicas que, com toda probabilidade, a tornará irreconhecível.

[XXIV] O tempo perdido

Em 1918, como testemunho do ocaso da outrora pujante época de *Homo*, o conde Harry Kessler pôde escrever sobre a Primeira Guerra:

> Quão monstruosamente o destino se encarniçou contra esta vida europeia [...]. Que a época não se dirigia a uma paz mais sólida e sim para uma guerra era algo que todos realmente sabíamos, mas, ao mesmo tempo, não sabíamos. Era como uma espécie de sentimento flutuante que, como uma bolha de sabão, repentinamente estourou e desapareceu sem deixar rastro algum quando as infernais forças que se incubavam em seu seio estiveram maduras. (Kessler, 2011: 858).

Mesmo diante da evidência da desgraça mais absoluta, inclusive os espíritos mais lúcidos, como admite Kessler, prestavam-se ao jogo da má fé: sabiam e fingiam que não sabiam que o destino histórico tinha chegado a seu fim e, na hesitação, os povos contribuíram voluntariamente para seu próprio aniquilamento. De modo similar, hoje é possível observar o mesmo tipo de fervor e cegueira nas fileiras da pseudocrítica contemporânea, nos quadros da universidade mundial ou nos próprios trabalhadores convertidos nos novos escravos telemáticos: uma alegria própria da má fé que os conduz, com inconsciente veemência, em direção a um abismo que festejam como progresso. Quão miserável devia ser a vida anterior à Grande Pandemia para que a pobreza de experiência tivesse que se manifestar numa implosão cultural massiva!

[XXV] A nova guerra

20 de janeiro de 2021

Tony Robbins, que se autodefine como o *"Life & Business Strategist"* número 1 dos Estados Unidos, ou, nos nossos termos, um destacado neognóstico espiritualista pecuniário, foi capaz de definir a situação atual melhor que qualquer acadêmico.

> In 2021, we aren't just facing a new year. We're facing challenges like the world hasn't seen in decades and now the world is massively different than it was before. If you want to rise above and THRIVE in this new world, you need new tools too.
>
> Em 2021 não estamos apenas encarando um novo ano. Estamos enfrentando desafios que o mundo não via havia décadas, e agora o mundo é massivamente diferente do que era antes. Se você quiser ficar por cima e PROSPERAR neste novo mundo precisa também de novas ferramentas.

Feito o diagnóstico, apresenta-se o remédio: a luta sem trégua de todos contra todos. Este é o mundo que virá, tão selvagem e ímpio que até os Arcontes tremeriam. Onde ficaram as esperanças daqueles que, com louvável afinco, acreditavam que o mundo ia optar por uma mudança inaudita em direção ao Bem?

[XXVI] Física social

4 de fevereiro de 2021

François Balloux, professor de *Computational Systems Biology* e diretor do Instituto de Genética do *University College* de Londres, apontou que a mutação E484K do coronavírus deu mostras de reduzir o reconhecimento dos anticorpos. Assim, ela ajuda o vírus SARS-CoV-2 a evitar proteção fornecida por uma infeção prévia ou pela vacinação. (*France 24*).

A *Forbes* encontrou 50 novos multimilionários no setor da saúde. Não se trata só de vacinas: as empresas que desenvolvem tratamentos com anticorpos e medicamentos também se beneficiaram com o frenesi do mercado. Inclusive as empresas que trabalham nos bastidores para ajudar as companhias maiores a testar novos medicamentos e dispositivos viram os preços de suas ações alcançarem novos picos. Os novos magnatas provêm de 11 países diferentes, mas a maioria vive na China, o primeiro epicentro de Covid-19, que agora abriga quase três dúzias de novos multimilionários da atenção médica. (Revista *Forbes*).

Enquanto realizamos a transição da experiência do cotidiano como inquietante (*uncanny*) e estranho para a aprendizagem de novas formas de consciência social, de convivência (*togetherness*) e irritabilidade (*irritability*), estamos co-criando e descobrindo o novo normal (*the new normal*) — a nova cultura do coronavírus. Para o bem ou para o mal, a ciência social do cotidiano nunca foi mais estimulante. (World Economic Forum).

[XXVII] Aceleração, conjuras, prognose

Você e eu estamos aqui sentados nessa praia onde faz uma temperatura de 21 graus, com um céu perfeitamente azul e uma brisa agradável. Mas vejo um furacão de categoria 5 ou superior se aproximando a uns 720 quilômetros da costa. E dizer pro pessoal que deve evacuar num dia tão belo, de céu azul, vai ser difícil. Mas também posso lhe dizer que esse furacão está chegando (*but I can also tell you that hurricaine is coming*). (Michael Osterholm, diretor do *Center for Infectious Disease Research and Policy* da Universidade de Minnesota).

Pensei que íamos passar os próximos dez anos convencendo o mundo de como fazer melhor o trabalho remoto. Em vez disso, a Covid-19 o fez em poucos meses (Sid Sijbrandij).

Somos o primeiro sistema de voo espacial competitivo, comercial e empreendedor na história a ser certificado pela NASA [em referência à empresa SpaceX]. É uma grande honra que nos dá confiança em nossa meta de voltar à lua, viajar até Marte e ajudar a humanidade a se tornar multiplanetária. (Elon Musk).

[XXVIII] Doomsday Clock.
Faltam cem segundos para a meia-noite

Embora letal numa escala massiva, esta pandemia em particular não chega a ser uma ameaça existencial. Suas consequências são graves e serão duradouras, mas a Covid-19 não aniquilará a civilização e esperamos que a doença eventualmente retroceda. Mesmo assim, a pandemia serve como uma chamada de atenção histórica (*historic wake-up call*), uma ilustração eloquente de que os governos e as organizações internacionais não estão preparados para enfrentar [...] pandemias mais virulentas e a seguinte geração de guerras que poderiam ameaçar a civilização no futuro próximo [...]. À medida que essa pandemia amaine, os líderes do mundo devem se unir para criar instituições e sistemas de vigilância que possam identificar surtos de doenças e sufocá-los antes que se transformem em pandemias [...]. O rápido avanço da investigação e desenvolvimento biológicos produziu, e continuará produzindo, tecnologias disruptivas que poderiam aumentar o perigo biológico. Na categoria dos riscos aumentados devem se contar as aplicações biotecnológicas que poderiam, por exemplo, criar super-soldados ou produzir armas biológicas [...]. Muitos países e corporações estão investindo nas ciências biológicas, já que reconhecem as imensas oportunidades de estabelecer e fazer prosperar bioeconomias. Esses programas de bio-manipulação trazem à baila as novas possibilidades de as nações levarem a cabo investigações sobre armas biológicas sob o disfarce de produzir respostas efetivas para pandemias naturalmente desencadeadas [...]. Poderia ser tentador considerar a experiência da Covid-19 como um acontecimento excepcional (*one-off*), uma catástrofe anômala que deve ser esquecida [...]. Mas a pandemia não é uma simples exceção dentro de uma realidade segura. É um presságio, um sinal inequívoco de que algo muito pior virá se os líderes e as instituições não realizarem reformas de amplo alcance para antecipar e minimizar pandemias futuras [...]. Um fracasso global extremamente perigoso em enfrentar as ameaças existenciais – o que chamamos de "o novo anormal" em 2019 – aumentou seu poder no âmbito nuclear ano passado, ampliando as possibilidades de uma catástrofe. [...] A mensagem é simples e assustadora: a próxima vez pode ser muito pior (*next time could be much worse*). Dada a experiência com a pandemia, ninguém pode dizer razoavelmente que não foi avisado. Faltam 100 segundos para a meia-noite, a situação mais perigosa que a humanidade já enfrentou (2021 *Doomsday Clock Statement, Science and Security Board, Bulletin of the Atomic Scientists*).

[XXIX] Propaganda

Os três parágrafos anteriores, em que deixamos falar diretamente alguns dos poderosos do mundo ou certos representantes seus, têm o propósito de deixar claro que a análise infra-histórica se apoia em enunciados explícitos do Poder, cujas contrafaces busca mostrar, e que essa série discursiva existe e se estende sobre toda a superfície do orbe. Talvez assim tenha ficado patente o fato de que, como assinalou Maquiavel para todos os séculos, "não há coisa mais difícil de tratar, nem em que o êxito seja mais duvidoso, nem mais perigosa de manejar do que tomar sob a própria égide a introdução de novas ordens (*nuovi ordini*)" (Maquiavel, *De principatibus*, VI). Ora, é precisamente a este fenômeno que estamos assistindo com a ascensão do neognosticismo-iatro-político que rege a *Ordo* planetária dos Póstumos.

Do mesmo modo, os Póstumos desde sempre sabem que não existem fatos objetivos na política mundial do *infotainment* e que a pandemia em curso se transformou no fato político por excelência do primeiro quarto do novo milênio. Nestas matérias, as coisas já estavam claras fazia tempo: "o propagandista moderno estuda sistemática e objetivamente o material com que trabalha com o mesmo espírito com que se dirige um laboratório" (Bernays, 1928: 48).

O propagandista é a figura central que dirige as sociedades do novo sistema do mundo sob disfarces diferentes que podem ir desde o executivo de marketing até o engenheiro social, do político profissional até os médicos a serviço da medicina como exercício de *socio-poiesis*. De fato, Bernays já tinha entendido que em todo ato propagandístico, ou seja, em todo ato político das sociedades de massa, o que está em jogo é precisamente a tradução para a *politeia* global de um ato de psicagogia, pois seus agentes não fazem mais que seguir os desígnios da psicologia de massas e sabem então que a força do marketing "opera estabelecendo o aumento ou a diminuição do prestígio de uma estação de veraneio, causando uma corrida bancária (*a run on a bank*) ou o pânico na bolsa de valores, criando um *best-seller* ou um sucesso de bilheteria" (Bernays, 1928: 50).

No mundo contemporâneo, não existe (pois, em realidade, nunca existiu) o sujeito do juízo kantiano e, ainda menos, o sujeito do diálogo racional que, mediante atos deliberativos, decide suas ações de acordo com motivos livremente deliberados. Nesse ponto, é preciso reconhecer, a ingenuidade política percorreu, ainda que com consideráveis matizes durante o século XX, um campo tão diverso quanto o abismo que separa Hannah Arendt de Jürgen Habermas ou de John Rawls. Em contrapartida, o sobrinho de Freud não desconhecia a ilusão da consciência do cidadão reflexivo, responsável e capaz de uma autonomia de pensamento:

> um homem se senta em seu escritório para decidir que ações da Bolsa comprar. Imagina, sem dúvida, que está planejando suas compras de acordo com seu próprio juízo. Em realidade, seu juízo não é mais do que uma mistura de impressões cunhadas em sua mente por influências que inconscientemente controlam seu pensamento. (Bernays, 1928: 49).

Fica explícito assim que não existe nenhuma ação política, social ou médica que não esteja mediada pela propaganda e que nenhum membro da sociedade mundial pode decidir sobre bases críticas o que não se induz pela consciência senão pela taumaturgia dos simulacros inconscientes. Antes de se lançar ao domínio da nova ordem mundial, os Póstumos se asseguraram de assaltar o território de *Psique,* sabendo que nela residia o alicerce decisivo do Poder.

Em outras palavras, não é na consciência reflexiva e sim em *Psique* que tem seu *locus* mais próprio aquilo que se costuma chamar de liberdade e à qual só se chega atravessando um caminho espinhento e sempre brumoso. E nada se pode esperar da suposta racionalidade dos agentes sociais quando, pelo simples fato de falar, o vivente entra na sem-razão. E tal arte (só aparentemente paradoxal) de achar a exatidão na ilogicidade de todo ser falante parece ter se extraviado para sempre junto com o resto dos saberes de *Homo*.

[XXX] Filosofia primeira

Visto que um Novo Éon teve início, nada pode justificar de maneira mais cabal a necessidade de um retorno sobre a filosofia primeira. Outrora, na aurora da metafísica de *Homo*, Aristóteles pôde escrever que a filosofia estava destinada a se resolver na busca dos "princípios e das causas supremas (*tàs archàs kaì tàs akrotátas aitías*)" (Aristóteles, *Metafísica*, IV, 1003a). A disjuntologia supõe que tais princípios e causas estão muito longe de ser supremos, mas reconhece a mesma ambição: a pós-metafísica deve aspirar à explicação – tão última quanto cada época puder expressá-la – das encruzilhadas que subjazem ao enigma do Ser. Essas explicações se tornam particularmente necessárias justamente quando a época histórica mais as recusa. Deve-se admitir que, na veemência dos Senhores do Mundo em rechaçar a aspiração filosófica, por mais frágil que esta possa parecer, reside seu único signo reconhecível de temor.

ENVIO II
EXTINÇÃO PRETÉRITA

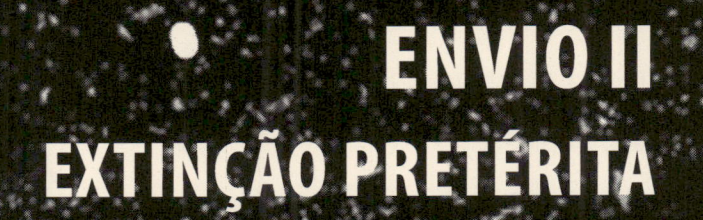

ANO 4050 DA ERA DO SENHOR
SEGUNDO O PROIBIDO E ANTIGO CALENDÁRIO
OUTRORA CHAMADO GREGORIANO

Sou o novo Escriba que os Mestres Novíssimos designaram para continuar a Grande Crônica. Observo, com esmero, aquilo que foi redigido e copiado por meu antecessor. Sua desintegração no horizonte de eventos deste mundo possível tornou necessária minha nomeação. Uma característica da Crônica de meu antecessor, que ele não parece ter julgado digna de menção, salta à vista. Em sua concentração na cópia de textos que assinalam os marcos da gesta que levou à ascensão dos Póstumos, em sua exposição da proto-história daquele acontecimento histórico incomparável, assim como em sua meditada, embora salpicada de lacunas, reconstrução da metafísica dos Novíssimos, ele parece ter deixado de lado, com estudada reticência, um aspecto que, não obstante, era de singular importância para os Grandes Mestres Novíssimos: a extinção prévia de *Homo* devorado não apenas pelos Póstumos como também por seus próprios fracassos.

Essa *vexata quaestio* era matéria de sisuda reflexão na comunidade novíssima e, em mais de um sentido, condicionou seus ritos durante séculos. A sombra de *Homo* só recentemente foi completamente conjurada em toda amplidão das regiões abstrusas dos distintos pontos habitáveis do espaço das colônias novíssimas no raio externo dos confins do cosmos conquistado durante a expansão interestelar. Ninguém poderia assinalar com exatidão quando se apagou o último representante de *Homo*. Mesmo assim, sabemos que o objetivo dos Póstumos sempre foi a extinção, sem reservas, da Humanidade para os fins da instauração da Postumidade.

Há quem sustente que o ocaso de *Homo* começou verdadeiramente a se produzir quando já não houve nenhum rincão do orbe onde este não tivesse deixado o rastro de sua presença de devastação. A mística psíquica da história humana teria sido, opinam outros, a semente da destruição.

Um de seus esquecidos profetas escrevera a respeito daquela decadência: "a criatura se encontra em relação com a criatura; e, como estas já não podem se elevar mais acima do mundo criado, formam o patrimônio da ciência, da qual constituem como que a metafísica prática" (Görres, 1854: 12). Nesse sentido, a hiperciência e o final da metafísica precipitaram um processo no qual os *homines* perderam todos os laços com aquilo que lhes tinha permitido prosperar para além do âmbito da materialidade empiricamente compreendida.

As especulações mais ousadas recriam hiperbólicas conjecturas dos sectários de Basílides e sustentam que o demônio Abraxas, que, no remoto passado humano de que já não se conservam lembranças, havia enviado um "Espectro bem-intencionado" (De Plancy, 1844: 7) chamado Jesus Cristo, voltou-se contra a Humanidade que presidia a fim de causar uma ruptura no espaço de sua soberania, encarniçando-se na dissolução dos humanos. Dizem que, ainda hoje, os Mestres novíssimos, em seus sonhos, vislumbram o brumoso mundo de Abraxas, senhor dos Éons, cujo *Nachleben* todos temem, pois, em segredo, o chamam de o Atávico para assinalar que sua obscura linhagem remonta a tempos inomináveis, sendo o único que, em todos os mundos possíveis, foi capaz de olhar dentro do Abismo da Disjunção sem ter se consumido nele.

Apesar das diferenças de exegese segundo as Escolas, os Mestres novíssimos coincidem em que, no seu ocaso, já nada restava de *Homo* que merecesse ser resgatado do colapso. Sem dúvida, com seu egoísmo e sua miséria espiritual, os *homines* tinham contribuído para sua própria ruína. Tendo modelado um mundo impossível de habitar, lançaram os alicerces para o advento dos Póstumos.

Certamente, ninguém podia saber então que o Império Póstumo, baseado no Anti-Número-Ômega, na *Artificial Intelligence* e na conquista do *nómos* cosmológico exo-terrestre chegaria a constituir o despotismo mais ímpio que Gaia conheceu, como unidade planetária global, desde que se tornou a matriz dos viventes. Os Póstumos conseguiram que muitos olhassem, com nostalgia, a tremebunda época de *Homo*. Mas é certo que os humanos tinham chegado, quando finalmente cederam o domínio da

Ordem do Mundo, a um ponto de esgotamento em que já não restava a mais ínfima esperança. Como diz um dos textos da época de *Homo* que talvez melhor represente essa ruína:

> Não nos reconhecemos no silêncio, não nos reconhecemos nos gritos, nem em nossas grutas, nem nos gestos dos estrangeiros. Ao nosso redor, o campo nos parece indiferente e o céu sem intenções. (Michaux, 1976: 51)

O mundo emudecera completamente para *Homo,* apesar de este alardear no desenraizamento, e o conticínio se fez soberano. Não houve mais possibilidades quando o *Outside* que soubera identificar no *Lógos* se fechou definitivamente. Os Póstumos buscaram consolidar seu poder selando definitivamente a experiência da Disjunção. Os Mestres Novíssimos puderam triunfar sobre os Póstumos quando conseguiram novamente abraçar aquilo que tinha sido separado e obturado. Nada garante que este Novo Éon possa trazer alguma esperança para o acosmos e para os viventes que o habitam. Rumores da mais variegada índole sobrevoam, nestas horas marcadas pela vacilação e pela incredulidade, os lugares mais recônditos do universo habitado. Não obstante, as bodas entre *Psyché* e *Éros*, entre os viventes e os fractos, voltaram a se atar. O caminho [...]

BIBLIOGRAFIA

ACERBI, Juan. *Metapolítica. Enemigo público, poder y muerte civil en la tradición republicana*. Buenos Aires: Miño y Dávila editores, 2019.

AGAMBEN, Giorgio. *A che punto siamo? L'epidemia come politica*. Macerata: Quodlibet, 2020.

AGAMBEN, Giorgio. *Il linguaggio e la morte. Un seminario sul luogo della negatività*. Turim: Giulio Einaudi editore, 1982.

ALBERTH, John. *The Black Death: The Great Mortality of 1348-1350: A Brief History with Documents*. Nova Iorque: Bedford/ St. Martin's, 2005.

ALIGHIERI, Dante. *Vita Nuova*. Edição de Michele Barbi. Florença: Bemporad, 1932.

ANTELO, Raul. *Archifilologías latinoamericanas. Lecturas tras el agotamiento*. Villa María: Editorial Universitaria Villa María, 2015.

APOLODORO. *Biblioteca*. Edição e tradução de Sir James George Frazer. Cambridge, MA: Harvard University Press, 1921.

APONIUK, Juan Cruz. "La(s) máquina(s) y el cazador Gracchus". *Instantes y azares. Escrituras nietzscheanas*, 24-25, 2020: 147-161.

ARCE, Rafael. *La visitación. Ensayo sobre la narrativa de Antonio di Benedetto*. Buenos Aires: Ediciones La Cebra, 2020.

ARENDT, Hannah. "Lying in Politics. Reflections on the Pentagon Papers". In: *Crisis of the Republic*. San Diego – Nova Iorque – Londres: Harcourt Brace & Company, 1972.

ARISTÓTELES. *Opera*. Edição de Immanuel Bekker. Berlim: G. Reimerum, 1831-1870.

ARISTÓTELES. *Metaphysics*. Edição de W.D. Ross. Oxford: Clarendon Press, 1975.

ARISTÓTELES. *Metafísica*. Tradução de Tomás Calvo Martínez. Madri: Gredos, 1994.

ARISTÓTELES. *De Anima*. Edição de William David Ross. Oxonii: E Typographeo Clarendoniano, 1956.

ARISTÓTELES. *Traité du Ciel suivi du Traité pseudo-Aristotélicien Du monde*. Tradução de J. Tricot. Paris: J. Vrin, 1949.

ASH, Eric. *Power, Knowledge, and Expertise in Elizabethan England*. Baltimore: John Hopkins University Press, 2004.

BACON, Francis. *The Works of Francis Bacon*. Edição de James Spedding, Robert Leslie Ellis y Douglas Denon Heath, 7 volúmenes. Stuttgart-Bad Cannsttat: Friedrich Frommann Verlag-Günther Holzboog, 1963.

BARTHES, Roland. *La préparation du roman I et II. Notes de cours et de séminaires au Collège de France 1978- 1979 et 1979-1980*. Edição de Nathalie Léger. Paris: Seuil / IMEC, 2003.

BAUDRILLARD, Jean. *Le Pacte de lucidité ou l'intelligence du Mal*. Paris: Galilée, 2004.

BENVENISTE, Émile. "Grec *psyché*". *Bulletin de la Société de Linguistique de Paris*. Numéro 33. Paris: Librairie Ancienne Honoré Champion, 1932: 165-168.

BERESÑAK, Fernando. *El imperio científico. Investigaciones político-espaciales*. Buenos Aires: Miño y Dávila editores, 2017.

BERNAYS, Edward. *Propaganda*. Nova Iorque: Liveright Publishing Corporation, 1928.

BOCCACCIO, Giovanni. *Decameron*. Edição ao cuidado de Vittore Branca. Turim: Utet, 1956.

BOEHM, Rudolf. *Das Grundlegende und das Wesentliche Zu Aristoteles' Abhandlung "Über das Sein und das Seiende" (Metaphysik Z)*. Haia: M. Nijhoff, 1965.

BÖHLIG, Alexander. "The New Testament and the Concept of the Manichean Myth". In: Logan, Alastair – Wedderburn Alexander (editores). *New Testament and Gnosis*. Londres-Nova Iorque: Bloomsbury Academic, 2015: 90-106.

BORGHINI, Raffaello. *Il riposo di Raffaello Borghini, in cvi della pittvra, e della scultura si fauella, de' piu illustri pittori, e scultori, e delle piu famose opere loro si fa mentione; e le cose principali appartenenti à dette arti s'insegnano*. Florença: Giorgio Marescotti, 1584.

BORISONIK, Hernán. *$uporte: o uso do dinheiro nas artes visuais*. Tradução de Joaquín Correa e Natalia Pérez Torres. Florianópolis: Cultura e Barbárie, 2019.

BOSCHINI, Marco. *Le ricche minere della pittvra veneziana*. Veneza: Francesco Nicolini, 1674.

BOWEN, Alan – Wildberg, Christian. *New Perspectives on Aristotle's De Caelo*. Leiden: Brill, 2009.

BRANDES, Georg. *Nietzsche. Eine Abhandlung über aristokratischen Radicalismus*. Berlim: Berenberg Verlag, 2004 (1909[a]).

BREHIER, Émile. *Chrysippe et l'ancien stoïcisme*. Paris: Félix Alcan, 1910.

CASANOVA, Giacomo. *Mémoires*. 8 volumes. Paris: Librairie Garnier Frères, 1910.

CAVALCANTI, Guido. *Rime*. Edição de R. Rea & G. Inglese. Turim: Einaudi, 2011.

CHAR, René. *Oeuvres complètes*. Paris: Bibliothèque de la Pléiade, 1995.

CHIAROMONTE, Nicola. *The Paradox of History: Stendhal, Tolstoy, Pasternak and Others*. Filadélfia: University of Pennsylvania Press, 1985.

CÍCERO. *Traité des Lois*. Edição de Georges de Plinval. Paris: Les Belles Lettres, 1959.

CIORAN, Emil. *De l'inconvénient d'être né*. Paris: Gallimard, 1973.

COHEN, Morris – Nagel, Ernst. *An Introduction to Logic*. Indianápolis – Cambridge: Hackett Publishing Company, 1993.

COMPTON-CARLETON, Thomas. *Philosophia universa*. Antverpiae: apud Iacobum Meursium, 1649.

COMTE, Auguste. *Física Social*. Edição e tradução de Juan Goberna Falque. Madri: Akal, 2012.

CORNFORD, Francis MacDonald. *Plato's Cosmology. The Timaeus translated with a running commentary*. Londres: Routledge & Kegan Paul, 1937.

COWLING, Thomas George. *Isaac Newton and Astrology*. Leeds, U.K.: Leeds University Press, 1977.

DEBORD, Guy. *La planète malade*. Paris: Gallimard, 2004.

DELEUZE, Gilles. *Logique du sens*. Paris: Les Éditions de Minuit, 1969.

DELEUZE, Gilles. *Nietzsche et la philosophie*. Paris: Presses Universitaires de France, 1962.

DENZEY LEWIS, Nicola. *Cosmology and Fate in Gnosticism and Graeco-Roman Antiquity*. Leiden: Brill, 2013.

DE PLANCY, Jacques Colli. *Dictionnaire Infernal ou Répertoire Universel des êtres, des personnages, des libres, des faits et des choses qui tiennent aux apparitions*. Paris: Paul Mellier Éditeur – Lyon: Chez Guyot, Libraire, 1844.

DERRIDA, Jacques. *Séminaire. La bête et le souverain. Volume I (2001-2002)*. Paris: Galilée, 2008.

DERRIDA, Jacques. *De la grammatologie*. Paris: Les Éditions de Minuit, 1967.

DETIENNE, Marcel. *L'écriture d'Orphée*. Paris: Gallimard, 1989.

Didascalia et Constitutiones Apostolorum. Edição em latim e grego de Franz Xaver von Funk. Volume I. Paderbornae: In libraria Ferdinandi Schoeningh, 1905.

D'IORIO, Paolo. *La linea e il circolo. Cosmologia e filosofia dell'eterno ritorno in Nietzsche*. Gênova: Pantograf, 1995.

DOBBS, Betty Jo Teeter. *The Janus Faces of Genius, The Role of Alchemy in Newton's Thought*. Cambridge, U.K.: Cambridge University Press, 2002 (1991).

DRIOTON, Étienne. *Rapport sur les fouilles de Médamoud (1926): Les inscriptions*. Fouilles de l'Institut français d'archéologie orientale 4/2. Cairo: Institut français d'archéologie orientale, 1927.

DUHEM, Pierre. *Le système du monde. Histoire des doctrines cosmologiques de Platon à Copernic*. Paris: Librairie Scientifique A. Hermann et Fils, 10 volumes, 1913.

DUMEZIL, Georges. *Le problème des centaures. Étude de mythologie comparée indo-européenne*. Paris: Librairie orientaliste Paul Geuthner, 1929.

ELIADE, Mircea. "Methodological remarks on the study of religious symbolism". In: ELIADE, Mircea – KITAGAWA, Joseph Mitsuo (Editores). *The history of religions. Essays in methodology*. Chicago: The University of Chicago Press, 1959: 86-107.

ELIADE, Mircea. *Le mythe de l'éternel retour: archétypes et répétition*. Paris: Gallimard, 1949.

EMRICH, Wilhelm. *Franz Kafka*. Bonn: Athenäum Verlag, 1958.

FARNELL, Lewis Richard. *The Cult of the Greek States*. volume 4, Oxford: Clarendon Press, 1907.

FICINO, Marsilio. *Commentarium in Convivium Platonis, De Amore / Commentaire sur* Le Banquet *de Platon, De l'amour*. Edição e tradução Pierre Laurens. Paris: Les Belles Lettres, 2002.

FILOSTRATO DE ATENAS. *Apollonius of Tyana*. 3 volumes. Edição de Christopher P. Jones. Cambridge (MA): Harvard University Press, 2005-2006.

FOUCAULT, Michel. *Surveiller et punir. Naissance de la prison*. Paris: Gallimard, 1976.

FRANDSEN, Paul John. "Trade and Cult". In: ENGLUND, Gertie (editor). *The Religion of the Ancient Egyptians: Cognitive Structures and Popular Expressions. Proceedings of Symposia in Uppsala and Bergen 1987 and 1988*. Acta Universitatis Upsaliensis, Boreas 20. Uppsala: Almqvist and Wiksell, 1989: 95-108.

FRIEDMANN, Adolph Hermann. *Die Welt der Formen. System eines morphologischen Idealismus*. Munique: C. H. Beck, 1930.

GARIN, Eugenio. *Astrology in the Renaissance. The Zodiac of Life*. Londres: Routledge & Kegan Paul, 1983 (1976).

GEROCH, Robert – HARTLE, James. "Computability and physical theories". *Foundations of Physics*. Volume 16, VI, 1986: 533-550.

GHYKA, Matila. *Le nombre d'or. Rites et rythmes pythagoriciens dans le developpement de la civilisation occiddentale*. Volume 1: *Les Rythmes, précédé d'une letrre de Paul Valéry*. Paris: Gallimard, 1958 (1931).

GLOBAL PREPAREDNESS MONITORING BOARD. *A World at Risk. Annual report on global preparedness for health emergencies*. Genebra: World Health Organization, Sep. 2019.

GLOY, Karen. *Studien zur platonischen Naturphilosophie im* Timaios. Würzburg: Königshausen – Neumann, 1986.

GOMPERZ, Theodor. *Les penseurs de la Grèce*. Volume I. Lausanne: Payot / Paris: Félix Alcan, 1928.

GÖRRES, Joseph von. *La mystique divine, naturelle, et diabolique*. Tradução de Charles Sainte-Foi. Paris: Mme Vve Poussielgue-Rusand, 1854.

HAEBLER, Claus. "Kosmos. Eine etymologisch-wortgeschichtliche Untersuchung". *Archiv für Begriffsgeschichte*. Volume 11, 1967: 101-118.

HAHM, David. *The Origins of Stoic Cosmology*. Ohio: Ohio State University Press, 1977.

HARTLE, Jim – HAWKING, Stephen. "Wave function of the Universe". *Physical Review D* 28, 12, (1983): 2960–2975.

HAWKING, Stephen – PENROSE, Roger. "The singularities of gravitational collapse and cosmology". *Proceedings of the Royal Society of London*, nº 314, 1970: 529-548.

HAWKING, Stephen – ELLIS, George. "The Cosmic Black-Body Radiation and the Existence of Singularities in our Universe". *The Astrophysical Journal*. Volume 152, 1968: 25-36.

HEIDEGGER, Martin. *Nietzsche. Band I-II (Gebundene Ausgabe)*. Sturttgart: Klett-Cotta Verlag, 2008 (1961).

HERÓDOTO. *The Histories*. Edição e tradução de A. D. Godley. Cambridge: Harvard University Press, 1920.

HILBERT, David. "Über das Unendliche". *Mathematische Annalen.* Volumen 95, I, 1926: 161-190.

HOLTON, Gerald. *The Scientific Imagination.* Cambridge: Cambridge University Press, 1978.

HOMERO. *Iliad.* In: *Opera.* Edição de D. B. Monro y Th. W. Allen. Oxford: Oxford University Press, 1920.

HOMERO. *Odyssey.* Edição de A. T. Murray. Cambridge, MA: Harvard University Press; Londres: William Heinemann, 1919.

HUSSERL, Edmund. *Die Krisis der europäischen Wissenschaften und die transzendentale Phänomenologie. Eine Einleitung in die phänomenologische Philosophie.* In: *Husserliana.* Band VI. Edição de Walter Biemel. Haia: Martinus Nijhoff, 1954.

JAEGER, Werner. *The Theology of the Early Greek Philosophers.* Oxford: Clarendon Press, 1947.

JAKOBSON, Roman. *Selected Writings, volume III: Poetry of Grammar and Grammar of Poetry.* Haia: Mouton & Co., 1981.

JAN, Carl von. "Die Harmonie der Sphären". *Philologus.* Band 52, Heft 1-4, 1894: 13-37.

JASPERS, Karl. *Nietzsche: Einführung in das Verständnis seines Philosophierens.* Berlim-Nova Iorque: De Gruyter, 1981 (1935[a]).

JOSHI, Sunand Tryambak. *H.P. Lovecraft in his time. A dreamer and a visionary.* Liverpool: Liverpool University Press, 2001.

KAVAFIS, Constantino. *Anékdota piímata. 1882-1923.* Estudo filológico de Y. P. Savidis. Atenas: Ikaros, 1977.

KESSLER, Harry. *Journey to the Abyss. The Diaries of Count Harry Kessler, 1880-1918.* Nova Iorque: Alfred A. Knopf, 2011.

KIERKEGAARD, Søren. *Diapsálmata.* In: *Samlede Værker.* Copenhague: Glydendal, 1901-1906.

KIRCHNER, Johannes. *Inscriptiones Graecae – Consilio et auctoritate Academiae Scientiarum Berolinensis et Brandenburgensis editae. Inscriptiones Atticae Euclidis anno posteriores [Editio altera]. vol II/III.* Berlim: Walter De Gruyter, 1977: inscrição nº 4960a (T. 720).

KIRK, Geoffrey Stephen. *Heraclitus. The Cosmic Fragments. Edited with an Introduction and Commentary.* Cambridge: Cambridge University Press, 1975.

KISTLER, Mark. "The Sources of the Goethe-Tobler Fragment 'Die Natur'". *Monatshefte.* Volume 46, No. 7. University of Winsconsin Press, 1954: 383-389.

KLEIN, Robert. "Spirito peregrino". *Revue des études italiennes.* Volume XI. 1965: 197-236.

KLEE, Paul. *Gedichte.* Edição de Felix Klee. Zurique: Arche, 1960.

KLOSSOSWSKI, Pierre. *Nietzsche et le cercle vicieux.* Paris: Mercure de France, 1969.

LA BOETIE, Étienne de. *Discours de la servitude volontaire.* In: *Oeuvres complètes d'Estienne de la Boétie.* Volume I. Bordeaux: William Blake & Co., 1991: 65-98.

LACTÂNCIO. *Institutions divines. Livre I.* Edição de Pierre Monat. Paris: Éditions du Cerf, 1986.

LAMBERT, Wilfred – MILLARD, Alan Ralph – CIVIL, Miguel. *Atra-ḫasīs. The Babylonian Story of the Flood with the Sumerian Flood Story.* Winonna Lake (Indiana): Einsenbrauns, 1999.

LENOIR, V. "Métaphysique et politique au XIIIe siècle et de nos jours". *Révue Apologétique.* (49), 1929: 158-170.

LIBÂNIO. *Discours.* Paris: Les Belles Lettres, 1979-2003.

LLOYD-JONES, Hugh. "Pindar and the After-Life". In: *Pindare, Entretiens sur l'antiquité classique* 31, Vandoeuvres-Genebra: Fondation Hardt. 1985: 245-279.

LONGCHENPA. *Now that I Come to Die.* Tradução de Herbert V. Guenther. Introdução de Tarthang Tulku. Berkeley: Dharma Publishing, 2007.

LOTZE, Hermann. *Microcosmus: An Essay Concerning Man and His Relation to the World.* 3 volumes. Tradução de E. Hamilton e E. E. C. Jones. Edimburgo: T. & T. Clark, 1885.

LOVECRAFT, Howard Philip. *Poemas. Edição bilíngue.* Tradução de Roberto Díaz. Buenos Aires: Andrómeda, 2009.

LÖWITH, Karl. *Von Hegel Zu Nietzsche: Der Revolutionäre Bruch Im Denken des 19. Jahrhunderts.* Hamburgo: Felix Meiner Verlag, 1995.

LUCRÉCIO. *De natura rerum.* Edição de Eduard Valentí Fiol. Barcelona: Acantilado, 2012.

LUDUEÑA ROMANDINI, Fabián. *Summa cosmologiae. Breve tratado (político) de imortalidade. A comunidade dos espectros IV.* Tradução de Alexandre Nodari. Florianópolis: Cultura e Barbárie; São Paulo: n-1 edições, 2021.

LUDUEÑA ROMANDINI, Fabián. *Arcana Imperii. Tratado metafísico-político. A comunidade dos espectros III.* Tradução de Leonardo D'Avila de Oliveira. Florianópolis: Cultura e Barbárie, 2020.

LUDUEÑA ROMANDINI, Fabián. *Princípios de Espectrologia. A comunidade dos espectros II.* Tradução de Leonardo D'Avila de Oliveira e Marco Antonio Valentim. Florianópolis: Cultura e Barbárie, 2018.

LUDUEÑA ROMANDINI, Fabián. *H.P. Lovecraft: a disjunção no Ser.* Tradução de Alexandre Nodari. Florianópolis: Cultura e Barbárie, 2013.

LUDUEÑA ROMANDINI, Fabián. *A comunidade dos espectros . I. Antropotecnia.* Tradução de Alexandre Nodari e Leonardo D'Avila de Oliveira. Florianópolis: Cultura e Barbárie, 2012.

LYNCH, John Patrick. *Aristotle's School: Study of a Greek Educational School.* Berkeley-Los Angeles: University of California Press, 1972.

MANNHARDT, Wilhelm. *Die Götterwelt der deutschen und nordischen Völker.* Berlim: H. Schindler, 1860.

MAQUIAVEL, Nicolau. *Il Principe. Edizione Nazionale delle Opere de Niccolò Machiavelli I/1.* Edição de Mario Martelli. Roma: Salerno Editrice, 2006.

MARCO AURELIO. *Pensamientos.* Edição e tradução de Antonio Gómez Robledo. México: UNAM, 1992.

MARX, Karl. *Das Kapital. Band I: Der Produktionsprozeß des Kapitals*. In *Werke*. Band 23. Berlim: Dietz-Verlag 1962.

MARX, Karl. *Manifest der kommunistischen Partei*. In: *Werke*. Band 4. Berlim: Dietz-Verlag, 1959: 462-474.

MEILLASSOUX, Quentin. "Deuil à venir, dieu à venir". *Critique*, n° 704-705, 2006: 105-115.

MENÉNDEZ PELAYO, Marcelino. *Tratadistas de Bellas Artes en el Renacimiento español*. In *Estudios de crítica histórica y literaria*. Volume VII. Buenos Aires: Espasa-Calpe, 1944: 141-207.

MICHAUX, Henri. *Choix de poèmes*. Paris: Gallimard, 1976.

MINIERI, Ramón. *La Reina Loca. Libros de Vientos de los Sármatas*. Río Colorado, 2012.

NATORP, Paul. "Über aristoteliches Metaphysik, K, 1-18, 1065a 26". *Archiv für Geschichte der Philosophie*, 1888 (a): 178-193.

NATORP, Paul. "Thema und Disposition der aristotelischen Metaphysik". *Philosophische Monatshefte*, 24, 1888 (b): 37-65 y 540-574.

NAUCK, Augustus. *Tragicorum Graecorum Fragmenta*. Leipzig: Teubner, 1889.

NEUGEBAUER, Otto. *A History of Ancient Mathematical Astronomy*. 3 volumes, Nova Iorque: Springer, 1975.

NIETZSCHE, Friedrich. *Die fröhliche Wissenschaft*. In: *Kritische Gesamtausgabe*. Edição de Giorgio Colli y Mazzino Montinari. Band 2. Berlim – Nova Iorque: Walter de Gruyter, 1973.

NIETZSCHE, Friedrich. *Nachgelassene Fragmente*. In: *Werke. Kritische Gesamtausgabe*. Edição de Giorgio Colli y Mazzino Montinari. Berlim – Nova Iorque: Walter de Gruyter, 1967.

NONO DE PANÓPOLIS. *Dionysiaca*. Edição de W.H.D. Rouse. Cambridge, MA: Harvard University Press, 1940- 1942.

NORTH, John D. *Stars, Minds and Fate. Essays in Ancient and Medieval Cosmology*. Londres: Hambledon, 1989.

ORFEU. *Argonáuticas. Himnos Órficos*. Tradução de Miguel Periago Lorente. Madri: Gredos, 1992.

PENROSE, Roger. "The Basic Ideas of Conformal Cyclic Cosmology". In: TANDY, Charles (editor). *Death and Anti-Death. Volume 6: Thirty Years After Kurt Gödel (1906-1978)*. Palo Alto: Ria University Press, 2009: 223-242.

PICO DELLA MIRANDOLA, Giovanni. *Heptaplus*. Tradução e notas de Adolfo Ruiz Díaz. Edição de Silvia Magnavacca. Buenos Aires: Universidad de Buenos Aires, Facultad de Filosofía y Letras, 1998.

PÍNDARO. *Volume I: Olympian Odes. Pythian Odes. Volume II: Nemean Odes, Isthmian Odes, Fragments*. Edição de William Race. Massachusetts: Harvard University Press, 1997.

PITTONI, Battista. *Imprese di diuersi prencipi, duchi, signori, e d'altri personaggi et huomini letterati et illustri : con alcune stanze del Dolce che dichiarano i motti di esse imprese*. Vicenza: s. n., 1562.

PLATÃO. *Timaeus*. Edição e tradução de R. G. Bury. Cambridge (MA)-Londres: Harvard University Press, 1999.

PLATÃO. *Platonis Opera*. Edição de John Burnet. Oxford: Oxford University Press, 1903.

POE, Edgar Allan. *Annotated Poems*. Introdução e edição de Andrew Barger. Collierville: Bottletree Books, 2008.

PRISCIANESE, Francesco. *Della lingua romana*. Veneza: Bartolomeo Zanetti, 1540.

PROCLO. *Commentary on Plato's Timaeus, volume 1. Book 1: Proclus on the Socratic State and Atlantis*. Edição e tradução de Harold Tarrant. Cambridge: Cambridge University Press, 2007.

PTOLOMEU. *Tetrabiblos*. Edição e tradução de F. E. Robbins. Londres – Massachusetts: Harvard University Press, 1940.

QUISPEL, Gilles. "Hermann Hesse and Gnosis". In: ALAND, Barbara. *Gnosis. Festschrift für Hans Jonas*. Göttingen: Vandenhoech & Ruprecht, 1978: 492-507.

RIDOLFI, Carlo. *Le marauiglie dell'arte, ouero, Le vite de gl'illustri pittori veneti, e dello stato : oue sono raccolte le opere insigni, i costumi, & i ritratti loro : con la narratione delle historie, delle fauole, e delle moralità da quelli dipinte.* Veneza: Presso Gio. Battista Sgaua, 1648.

RIST, John. *Stoic Philosophy*. Cambridge: Cambridge University Press, 1969.

ROHDE, Erwin. *Psyche. Seelencult und Unsterblichkeitsglaube der Griechen.* Tübingen und Leipzig: Tübingen Mohr, 1903.

RUDHARDT, Jean. "Quelques réflexions sur les Hymnes Orphiques". In: BORGEAUD, Philippe (editor). *Orphisme et Orphée, en l'honneur de Jean Rudhardt.* Genebra: Droz, 1991: 263-283.

SCHAFFER, Simon. "Newton's Comets and the Transformation of Astrology". In: CURRY, Patrick (editor). *Astrology, Science, and Society.* Woodbridge: Boydell, 1987: 219-243.

SCHELLING, Friedrich Wilhelm Joseph. *Die Weltalter. Fragmente. In den Urfassungen von 1811 und 1813.* Edição de M. Schröter. München: Beck, 1993: 1-107 e 109-184.

SCHMITT, Carl. *Der Nomos der Erde in Völkerrecht des Jus Publicum Europaeum.* Berlin: Duncker & Humblot, 1988 (1950[a]).

SJØBERG, Gustav. *zu der blühenden allmaterie. über die natur der poesie.* Berlin: Matthes & Seitz, 2020.

SLATER, William. *Lexicon to Pindar.* Berlim: De Gruyter, 1969.

SLOTERDJIK, Peter. *Der Denker auf der Bühne. Nietzsches Materialismus.* Frankfurt am Main: Suhrkamp Verlag, 1986.

SMALL, Robin. "Nietzsche, Dühring, and Time". *Journal of the History of Philosophy*, 28:2, 1990: 229-250.

SORABJI, Richard. *Time, creation and the continuum. Theories in Antiquity and the Early Middle Ages.* Londres: Duckworth, 1983.

SPIEKERMANN, Klaus. *Naturwissenschaft asl subjektlose Macht? Nietzsches Kritik physikalischer Grundkonzepte.* Berlim – Nova Iorque: De Gruyter, 1992.

STÜTTER, Josef. "Schelling's Philosophie der Weltalter". *Zeitschrift für philosophische Forschung*, 16, 1962: 600-615.

SUÁREZ, Francisco. *Disputationes metaphysicae*. In: *Opera Omnia*. Volumes 25-26. Hildesheim: Georg Olms Verlag, 1965.

TARRAB, Mauricio. *Entre el relámpago y la escritura*. Buenos Aires: Grama, 2017.

TAUBES, Jacob. *Escatología occidental*. Tradução de Carola Pivetta. Buenos Aires: Miño y Dávila editores, 2010.

TOBLER, Georg Christoph. "Die Natur" (1782/83). In: Johann Wolfgang von Goethe. *Werke. Hamburger Ausgabe*. 14 volumes. Edição de Erich Trunz. Band 13: Naturwissenschaftliche Schriften 1. Textkritisch durchgesehen und mit Anmerkungen versehen von Dorothea Kuhn und Rike Wankmiiller. Hamburg: Wegner, 1966: 45-48.

TOMÁS DE AQUINO. *Opera omnia iussu Leonis XIII, t. 42: Compendium Theologiae. De articulis Fidei et Ecclesiae sacramentis. Responsio de 108 articulis. Responsio de 43 articulis. Responsio de 36 articulis. Responsio de 6 articulis. Epistola ad ducissam Brabantiae. De emptione et venditione ad tempus. Epistola ad Bernardum abbatem Casinensem. De regno ad regem Cypri. De secreto*. Roma: Editori di San Tommaso, 1979.

TOMÁS DE AQUINO. *Opera omnia iussu edita Leonis XIII, t. 14: Summa contra Gentiles ad codices manuscriptos praesertim Sancti Doctoris autographis exacta. Liber tertius cum Commentariis Francisci de Sylvestris Ferrariensis*. Roma: Typis Riccardi Garroni, 1926.

TUCÍDIDES. *Historia de la Guerra del Peloponeso*. Edição castelhana de Francisco Romero Curz. Madri: Cátedra, 2005.

TUCÍDIDES. *Historiae*. Edição de Henry Stuart James y Johannes Enoch Powell. Oxford: Oxford University Press. 1942.

VACHÉ, Jacques. *Lettres de guerre (1914-1918)*. Edição de Patrice Allain y Thomas Guillemin. Prefácio de Patrice Allain. Paris: Gallimard, 2018.

VLASTOS, Gregory. *Plato's Universe*. Oxford: Clarendon Press, 1975.

VON ARNIM, Hans. *Stoicorum Veterum Fragmenta. Chrysippi fragmenta logica et physica*. Stuttgart: Teubner, 1964 (1903).

WAHL, Jean. *L'ouvrage posthume de Husserl: La Krisis*. Paris: Centre de Documentation Universitaire, 1957.

WEAR, Sarah Klitenic. *The teachings of Syrianus on Plato's Timaeus and Parmenides*. Leiden: Brill, 2011.

WEIL, Simone. *Oeuvres Complètes IV: Écrits de Marseille, volume I (1940-1942)*. Paris: Gallimard, 2008.

WEIL, Simone. *Attente de Dieu*. Paris: Fayard, 1966.

WETHEY, Harold. *The Paintings of Titian*. 3 volumes. Londres: Phaidon, 1969-1975.

ZENKOVSKY, Serge. *Medieval Russia's Epics, Chronicles, and Tales*. Nova Iorque – Londres: Meridian, 1974.

AGRADECIMENTOS

A escrita deste livro se deu durante os meses de confinamento epidemiológico de 2020 e em meio às incertezas do verão de 2021. Durante todo esse tempo foi impossível o acesso a bibliotecas e, se pude escrevê-lo, foi graças ao fato de que, em grande parte, a investigação fora desenvolvida previamente. Ao mesmo tempo, amigos de distintas partes do mundo me ajudaram bibliograficamente nos momentos mais imperiosos. Num contexto de tamanha solidão e desarraigamento, os amigos que não podia visitar conseguiam mesmo assim fazer sentir sua presença: Juan Acerbi, Rafael Arce, Fernando Beresñak, Hernán Borisonik, Eliana Debia, Rodrigo Ottonello, Germán Prósperi e Turquesa Topper na República Argentina. Alexandre Nodari, Flávia Cera, Marco Antonio Valentim, Leonardo D'Avila Oliveira, Fernando Scheibe e Marina Moros na República Federativa do Brasil. Nesses meses, a proximidade espiritual de Raul Antelo, da Universidade Federal de Santa Catarina, foi determinante para que a escrita fosse possível. Eduardo Viveiros de Castro, com sua inspiração, também marcou o decurso destas páginas.

Pedro Miño e Elsa Dávila me apoiaram em alguns momentos em que o espírito soçobrou e, sem suas palavras justas, não teria podido continuar. Meu agradecimento a Gerardo Miño não cabe nestas páginas, pois sua amizade permitiu a escrita e sua inigualável ousadia e admirável capacidade inventiva possibilitou desenvolver um projeto como o da Bitácora de la Biblioteca de la Filosofía Venidera, que foi e continuará sendo um refúgio para a dor e um iridescente modo de manter um diálogo com os leitores. Emanuele Coccia, lá da *École des Hautes Études em Sciences Sociales* de Paris, me deu a possibilidade de pensar, seguindo sua audácia e sua imarcescível amizade, o mundo por vir. Mårten Björk e Gustav Sjöberg, da Suécia, fizeram-se presentes durante os momentos cruciais e foram sempre fonte de inspiração insubstituível. Cabe uma menção especial de agradecimento a Javier e Paloma Pérez Romero, que me deram uma inestimável e sempre presente ajuda com a bibliografia, ainda mais nestes difíceis tempos pandêmicos.

À revista *Landa*, do Brasil, devo toda minha gratidão por ter me permitido levar adiante as primeiras formas da indagação sobre a poética de H.P. Lovecraft. Do mesmo modo, as meditações levadas a cabo neste livro sobre a filosofia de Nietzsche não teriam sido possíveis sem a generosidade de Gabriela Milone e Javier Martínez Ramacciotti, que, em seu livro sobre a filosofia do re-começo, permitiram-me os primeiros esboços críticos sobre pontos que considero decisivos.

Este livro, nunca haverá palavras suficientemente adequadas, não teria visto a luz sem a tessitura existencial de Isaúl Ferreira Oliveira.

SUMÁRIO

07 | **Elucidações filológicas**

13 | **Envio I**

17 | **Advertência**

19 | **A. TEORIA DOS FRACTOS**

39 | **B. PARERGA**

41 | 1. *Scientia*

45 | 2. *In-harmonia Mundi*

64 | 3. Eterno Retorno

76 | 4. *Psyché*

89 | 5. *Maniera*: o nome da vida

99 | 6. Erotologia: o problema do Mal

105 | 7. Vita Nuova

111 | Relação ultra-histórica sobre os motivos e propósitos do início dos ciclos pandêmicos na era dos póstumos

115 | **C. ULTRA-FILOSOFIA DA HISTÓRIA. AS CRÔNICAS PANDÊMICAS**

169 | **Envio II**: Extinção pretérita

175 | **Bibliografia**

189 | **Agradecimentos**

Cultura e Barbárie

n-1 edições